谨以此书

纪念马国兴先生（1943.9—2011.6）

逝世十二周年

勿使前辈之遗珍失于我手

勿使国术之精神止于我身

马国兴释读

陈氏太极老谱讲义

马国兴 释读

·

崔虎刚 整理

北京科学技术出版社

图书在版编目（CIP）数据

陈氏太极老谱讲义 / 马国兴释读；崔虎刚整理. —
北京：北京科学技术出版社，2023.7
ISBN 978-7-5714-2871-6

Ⅰ.①陈… Ⅱ.①马… ②崔… Ⅲ.①太极拳—图谱
Ⅳ.①G852.11-64

中国国家版本馆CIP数据核字(2023)第071366号

策划编辑：王跃平　宋杨萍
责任编辑：苑博洋
责任校对：贾　荣
责任印制：张　良
封面设计：何　瑛
出 版 人：曾庆宇
出版发行：北京科学技术出版社
社　　址：北京西直门南大街16号
邮政编码：100035
电话传真：0086-10-66135495（总编室）
　　　　　0086-10-66113227（发行部）
网　　址：www.bkydw.cn
印　　刷：保定市中画美凯印刷有限公司
开　　本：710 mm × 1000 mm　1/16
字　　数：142千字
印　　张：12.25
插　　页：4
版　　次：2023年7月第1版
印　　次：2023年7月第1次印刷
ISBN 978-7-5714-2871-6

定　　价：89.00元

前　言

马国兴先生，祖籍河北肃宁，出生于北京，七岁启蒙，随父修炼传统拳术内、外功夫及基本攻防技法，功夫早成，青年时期即练就"骨响齐鸣"之功。后回到祖籍地，随其堂祖马金铎、表祖柳明三、师爷田京奎三人继续深造，常以其中一人之秘授打法求教另一人之破法，再于第三人处印证，循环往复。十年后，终至懂劲之艺境，以独臂练就了"浑身是手"的功夫。

自1998年开始，在常学刚先生和我的支持与帮助下，马国兴先生在《武魂》杂志上连续发表多篇署名文章，遂为武学界所瞩目。同期，经我推荐，在王占伟先生及王跃平编辑的帮助下，马国兴先生正式出版了《古拳论阐释》《古拳论阐释续编》《龙涎集》等传统拳术著作。这些作品不仅有助于广大武术爱好者理解拳术技法，而且提高了人们对我国传统文化与传统武学的认识，在武学界引起很大反响。

马国兴先生一生刻苦修炼传统拳术，潜心于我国古典拳术理论研究，以自身实修的功夫体验印证前人的著述，力求用中国古代哲学思想认识并阐发传统拳术攻防之道的修炼、建体、致用及攻防艺境升华的系列方法，以此形成了一套独特的"马氏武学体系"，即以《易经》《道德经》《黄帝内经》及兵家理论等为核心的传统拳术理法体系。其著有"中华拳术明镜录"系列书稿近百部（包括《易经卷》《道德经卷》《孙子兵法卷》《浑元剑经阐释》《少林拳经阐释》《太极拳经经论注解》《拳术内外功法卷》等），是当今武术界以传统文化释论拳术攻防之道的第一人。

历经多年，克服重重困难，北京科学技术出版社此次推出"马国兴释读武学经典（全4册）"系列，是对《浑元剑经》及经典太极拳谱于传统文化视角解读的有益补充。这四本著作将《易经》《道德经》《黄帝内经》及兵家理论等深入地贯穿于论述之中，将刷新学人对太极拳谱及元末明初毕坤先生的《浑元剑经》的认识。

当今传统武术的传承存在着两个"断代"：一是传统拳术知识与文化的断代，二是传统拳术理论与系统化训练的断代。面对前人留下的大量珍贵拳谱、拳论，现代人观之往往如读天书，不明所以。本系列书籍的出版，或许能为传统拳术爱好者们点亮一盏心灯，于断代之间架起一座桥梁，使今人一窥古人拳法之奥妙。但古籍注释难免挂一漏万，斯人已逝，未尽之处，尚请读者谅解。

马国兴先生常说："古人诚不欺我，故我不欺人也！"值得一提的是，马国兴先生在该系列丛书中介绍了其很少公开的具体功法，这些功法内外相生、别具一格，期望有心人能借此良机将其发扬光大。

我常想，若马国兴先生尚在，今日留存的《母子拳》等大量珍贵拳谱尚有人可解，而今惟有长叹了！

崔虎刚谨书

目　录

上卷

陈氏太极老谱

时人论说"陈王廷"

陈王廷（约1600—1680），字奏庭，河南温县陈家沟人。通过对大量史料的分析、研究、整理可知，创造太极拳的很可能是陈王廷。陈王廷是陈家沟陈氏第九世传人，其父名抚民，祖父名思贵，均好拳习武。《陈氏家谱》说王廷又名奏庭，"明末武庠生，清初文庠生。在山东称名手……陈氏拳手刀枪创始人也"，但族谱、墓碑《温县志》都作"王廷"，故应作陈王廷。

陈王廷出身地主家庭。据《温县志》记载，在明思宗崇祯十四年(1641)，陈王廷任温县"乡兵守备"，曾在山东扫荡群匪；甲申年(1644)，明王朝覆亡的前后，陈王廷因日渐年长，隐居避世，造拳自娱，教授弟子儿孙。遗词上半首："叹当年，披坚执锐，扫荡群氛，几次颠险。蒙恩赐，罔徒然，到而今年老残喘，只落得黄庭一卷随身伴。闷来时造拳，忙来时耕田，趁余闲，教下些弟子儿孙，成龙成虎任方便……"

据《陈氏拳械谱》载，陈王廷所造拳套，有太极拳(一名十三势)五路，长拳一百零八势一路，炮捶一路。戚继光《拳经》三十二势，被他引用了二十九势。他在年老隐居期间，依据祖传之拳术，博采众家之精华，结合太极阴阳之理，参考中医经络学说及导引、吐纳之术，创造了一套阴阳相合、刚柔相济的太极拳。陈王廷传授下来的有太极拳五路、炮捶一路、长拳一百零八势一路，双人推手和刀、枪、剑、棍、铜等器械的武学路数。其中双人推手和双人粘枪的方法风格独特。陈王廷所创太极拳的主要传人有：友人蒋发，堂侄陈汝信、陈所乐等。

　　陈王廷在武术套路上，受戚氏的影响很大。戚氏《拳经》三十二势，综合民间古今十六家拳法，去粗取精，以三十二个姿势编成拳套，作为士兵指导活动身手的"武艺之源"。陈王廷吸取了其中二十九势，编入太极拳套路。戚氏《拳经》三十二势以"懒扎衣"为起势，陈王廷所造七套拳路，也都以"懒扎衣"为起势。圆领有腰带的衣服，自殷代一直沿用到明代。明人长服束腰，演拳时须将长服卷起塞于腰带中，以便动步踢腿。戚氏《拳经》起势"懒扎衣"，即左手撩衣塞于背部腰带，右拳横举向后，目视左前方。"懒扎衣"者，表示临敌时可随意撩衣应战，乃武艺高强、临敌不慌不忙之意。戚氏"懒扎衣"歌诀有谓："对敌若无胆向先，空自眼明手便。"陈王廷所制拳谱和《拳经总歌》，也撷取了戚氏《拳经》歌诀文辞。陈王廷造拳的创造性成就，一是结合了导引、吐纳，使习者能在练拳时汗流而气不喘，加强柔化刚发的力量；二是结合了经络学说，创造了缠绕运转的缠丝劲练法；三是结合了阴阳学说，提出了阴阳、虚实、柔刚俱备的拳理。双人推手和双人粘枪的方法，乃陈王廷独创，以沾连黏随、不丢不顶、柔中寓刚、无过不及为基本原则，为太极拳学派独有的竞技方法，解决了不用护具设备、徒手练习搏击技巧和提高刺枪技术的难题。这是我国武术史上具有划时代意义的创造性成就。

　　陈王廷《拳经总歌》开头两句话"纵放屈伸人莫知，诸靠缠绕我皆依"概括性地说明了"推手"的特点和方法，其中，"诸靠"是指两人以手臂互靠并运用"掤、捋、挤、按、採、挒、肘、靠"八种方法和劲别。18世纪末叶，王宗岳、武禹襄和李亦畬据此发挥太极拳推手的理论和练法，各自写下了总结性的太极拳相关论文。陈家沟陈氏十六世的陈鑫，就数代积累的练拳经验，结合经络学说，用十三年的时间，写成了《陈氏太极拳图说》，以易理说拳理，详解诸势理法，总结出了陈氏太极拳拳法特点：以柔刚相济、快慢相间、蓄发相变为原则，始终贯穿缠丝劲，并以内劲为统驭。如今这些都已成为练习太极拳和推手的指导性理论。

陈家沟陈氏世代传习陈王廷所造拳套，传至十四世陈长兴这一代，陈氏仅专精于太极拳第一路和炮捶一路，亦即今日尚在传习的陈式太极拳第一路和第二路。杨式太极拳和武式太极拳，即直接从陈长兴这一代的陈式太极拳第一路演变而来。

陈王廷的著作因年代久远，多已散失，现尚存《长短句》词一首和《拳经总歌》。

《长短句》曰：

叹当年，披坚执锐，扫荡群氛，几次颠险。蒙恩赐，罔徒然，到而今年老残喘，只落得黄庭一卷随身伴。闷来时造拳，忙来时耕田，趁余闲，教下些弟子儿孙，成龙成虎任方便。欠官粮早完，要私债即还，骄谄勿用，忍让为先。人人道我憨，人人道我颠，常洗耳，不弹冠，笑煞那万户诸侯，兢兢业业不如俺。心中常舒泰，名利总不贪。参透机关，识彼邯郸。陶情于鱼水，盘桓乎山川，兴也无干，废也无干。若得个世境安康，恬淡如常，不忮不求，哪道他世态炎凉？成也无关，败也无关，不是神仙，谁是神仙。

陈王廷的《拳经总歌》，总括了其所创拳套的理法，录于下：

纵放屈伸人莫知，诸靠缠绕我皆依。

劈打推压得进步，搬摞横采也难敌。

钩掤逼揽人人晓，闪惊取巧有谁知？

佯输诈走谁云败，引诱回冲致胜归。

滚拴搭扫灵微妙，横直劈砍奇更奇。

截进遮拦穿心肘，迎风接步红炮捶。

二换扫压挂面脚，左右边簪庄跟腿。

截前压后无缝锁，声东击西要熟识。

上拢下提君须记，进攻退闪莫迟迟。

藏头盖面天下有，攒心剁胁世间稀。

教师不识此中理，难将武艺论高低。

如今，太极拳风行国内，在疗病保健方面为人民健康事业做出了贡献，并已引起国际体育界、医学界的重视，推本溯源，陈王廷在继承、整理和研究祖国武术方面的功绩不可忽视。

陈王廷生卒年份虽不可考，但据推算，太极拳的创造，应在17世纪中叶的明末清初。

太极拳到底是谁创的并不重要，因为其是时代的产物。太极理法出自中华民族优秀文化经典《易经》的天人合一学说。太极拳，不是在套路、招式、手法上论说，而是在其修炼、建体、致用的理法是否符合"易有太极，是生两仪"的"健顺和之至，太和一气"上分辨。概括地说，凡符合上述理法的拳皆可以称为"太极拳"。这就是为什么现实之中存在那么多以"太极"命名的拳种，除陈、杨、武、吴、孙五家太极拳外，还有傅氏太极拳、张氏太极拳等。其实关键是要弄明白，拳名所冠"太极"二字的意义是什么，否则，即便称为太极拳也没有什么价值。

"太极"二字的出处

"太极"二字，最早见于《周易·系辞传上》，原文曰："易有太极，是生两仪，两仪生四象，四象生八卦，八卦定吉凶，吉凶生大业。"前贤解释曰："健顺和之至，太和一气者，道也！万物之通理，名之曰太极。"

太极是个哲学概念

前贤曰："大德敦化，万物一太极；小德川流不息，物物各具一太极。"

"大德敦化，万物一太极"，是说一个整体的物事，就是一太极。宇宙、银河系、太阳系、一座楼、一辆车、一个人、一个家庭、一个公司、一个企业，等等，无论大小，只要能独立地存在，就是一太极。

"小德川流不息，物物各具一太极"，是说一个整体物事，无论大小，皆由无数细小的物事组合而成，而所有组合中的细小物事，亦各具一太极。例如，一个人是一太极，而人体又是由内外各部位器官有机地组合而成的，故内外各部位器官又各具一太极。以此类推，物物各具一太极。

这个说法，乃"人身一太极，浑身无处不太极"的理论之根据；也是传统拳术修炼至神明艺境时，"浑身无处不弹簧，挨着何处何处发的技法"的出处。此理法全在习拳者于修炼过程中体悟。能达到此艺境者，功夫必然上乘矣！

必须明白，在两仪、三才、四象、五行、六合、七星、八卦、九宫、十精等内容中，太极之义贯穿始终。各门派拳术之修炼、建体、致用及艺境升华之系列方法，亦由此而来。

太极是一理

有了太极的宏观概念和微观概念的划分，而又将它们从整体上用文字总结描述出来，这就是"太极是一理"说法之根源。

《易经》讨论的是天人合一的道学内容的经典，而太极就是这道学的代名词。如果从老子《道德经》中所述的万物之始的"道"来看，即从"常有，欲以观其徼"来看，则太极是那个"道体"的代名词；如果从"故常无，欲以观其妙"来看，则无极亦是那个"道体"的代名词。也就是说，从无处看有，是名太极；从有处看无，是名无极。太极、无极，两者都是那个"道体"的代名词。道体，简之名曰"道"。

这个"道"产生了宇宙、天地、万物众生。人类，以及人类活动制造的种种物事，都符合"道"的演化法则、规矩和规律。这些法则、规矩和规律是人类行为的规范，也就是"道"之理，简曰：道理。而这个道理，也就是太极之理。"太极是一理"的说法，就是这样产生的。所谓太极之理，就是天道至理。故而，历代拳家皆以太极之理来谈拳论道，探讨拳术攻防之道的修炼、建体及致用，揭示其精旨妙谛，也就是理所当然的事情了。

太极是一气

拳诀曰："坤为吾母乾为父，太极一气贯来衡。"自然界为一大天地，自身乃一小天地，皆本乾天、坤地以立论。故《周易·系辞传下·第六章》中说："乾，阳物也；坤，阴物也。阴阳合德，刚柔有体。以体天地之撰，以通神明之德。"自身中的"天"，就是真元之气体；自身中的"地"，就是外形体。天行健，坤顺乾。健顺合德，和之至也，名曰"太和一气"，道也，万物之通理，名之曰"太极"。这就是"太极是一气"说法之根源。

在传统拳术中，内气修炼出纯粹之精，阳刚之性，健运不息，独立存在而不改，方才名之曰"健之体"；外形修炼出镇静厚载，阴柔之质，顺乾以动，虚灵宁静而不妄为，方才名之曰"顺之体"；健顺合德，和之至也，名之曰"太和一气"。

然而在具体的运用中，太和一气有体、用、功夫艺境、境界之分别。以体而言，乃无形的法身道之体也；以用而言，乃太和一气之流行者也；以功夫艺境而言，乃一点子沾走相生、化打合一也；以境界而言，乃一虚灵妙境也。此四者合一而论，就是"有形练到无形处，练到无形是真功"的以有入无之真功夫境界。

与人交手较技，顺随为法，无过不及，能给他人一种不撄人之力的一羽不能加、蝇虫不能落的毫不受力的感觉时，就是达到了太和一气流行之境界，此时能与对手动静变化的呼吸为一体。因为实施顺随之法者无过不及，自己不觉得形体如何，只是自动地一气流行而已。

所谓的太极推手，不是运用力气将人推出去，而是自己太和一气流行，运用柔化刚发、以柔用刚的技法，与对手沾连黏随，时时我顺人背，使得对手处于想动不敢动、自欲跌倒的尴尬状态。因为此功法只以双手与对手之双手相接沾连，相互环绕旋转，比较谁的知人能力更好，顺化黏发的功夫更佳，故而以"推手"名之；只因为双方推手的状态犹如太极图，双方是相互平等的，而在对峙中，却能分出双方功夫艺境水平之高低，故而这种功法又称"太极推手"。以这样的观点认识太极推手，自然可以知道，太极推手的运动方式并非太极拳门的专利，而是传统拳术各门派、拳种的修炼者共同享用的。如果认为太极推手只有学太极拳的人才修炼的话，那就把自己置于太极推手的练功活动之外了。这也是现代人修炼传统拳术攻防之道的最大忌讳。

虽然太极推手运动中的打轮、环绕旋转的形式简单易行并不复杂，但是，其中蕴含的自身攻防机制、规矩、动变法则，以及制人而不被人所制的攻防技术、技巧、功夫等内容，却是非常丰富的。

初习拳者应在明师的引导下，不间断地实践修炼太极推手，不修炼个三五年的时间，是不可能成为一个行家里手的。

关于太极推手的极佳艺境，前贤亦有明确论述，具体如下。

《陈氏太极拳图说·中气与浩然之气、血气辨》

至于中气，能令敌人进不敢进，退不敢退，浑身无力，极其危难。足下如在圆石上站着，不敢乱动，几乎足不动即欲跌倒。此时虽不打敌，敌自心服。

此段论述是说，中气充足时，动手比武较技，只要接触，就能使对手陷入尴尬境地而认输。故前贤说："推手就是打手，打手就是推手，并非两种功夫艺境也。"这不只是针对推手而言。该书在解释中气时又说：

中气者，太和之元气，即《中庸》所谓"不偏不倚"。而平常之理，宰乎不刚不柔、至当却好之正气。能用此气以行于手（言手，而全体皆在其中），天下未有穷之者。

由上述之论可知，太极推手乃太和一气流行者也，并非用手力推人者也。此说明"太极是一气"中的"一气"，乃中气，中气即太和一气尔。只是前贤将此太和一气，名之曰"太极"。

太极是一妙境

宋代朱熹在解释中和之道时曾经说过"虚灵妙境"。中和之"中"，乃虚也；中和之"和"，乃灵也。故中和者，虚灵之境，自有空人之妙用，才名之曰"虚灵妙境"。关于虚灵妙境，《太极拳经》中亦有记载，其曰：

> 用力日久，豁然贯通。日新不已，自臻神圣。浑然无迹，妙手空空。若有鬼神，助我虚灵。岂知我心，只守一敬。

由前面所论中气之功能，可知虚灵妙境艺境之奇妙，乃太和一气之功。基于此，前贤将太和一气名之曰"太极"亦是顺理成章的事情，故而孙禄堂先生在《孙禄堂武学大全增订本》里才有下面这段论述：

> 身体如同九重天，内外如一，玲珑透剔，无有杂气搀入其中。心一思念，纯是天理；身一动作，皆是天道。故能不勉而中，不思而得，从容中道，此圣人所以与太虚同体，与天地并立。

太极是一体

修炼传统拳术攻防之道，须先建体立本为根基，然后才能灵妙以动，以昭其用。因为，体非，无以立其大本；用非，无以彻其元功。然建体法分三修、游历三境，游历三境又分为三个步骤，含三体说之内容。

1. 法分三修

内功法建健之体，即内气；外功法建顺之体，即外形。内外功法合一，即是建法身的健顺、柔外刚中。

2. 游历三境

（1）形拳招熟的法身形之体

此乃初步攻防成手功夫的形之体，即手法、身法、步法三法合一而用的法身形之体。

形拳者，后天之功。其能以先天之神为体用，亦能向机御变，极至而道成，故属于有形的拳术攻防功夫。

（2）气意拳懂劲的法身德之体

此乃气意拳懂劲的攻防成手功夫的德之体，即健顺、阴阳合德、柔外刚中、匹配如一的法身德之体。此德之体以柔化刚发为法则，以以柔克刚为攻防技术，已属脱去有形而入道修炼成的法身德之体。

（3）神拳神明的无形法身道之体

此乃神拳神明成手功夫的道之体。此道之体乃本乎天之一，养气于至清；则乎地之一，融精于至宁；此于艮之一，涵神于至灵。又以灵神浑化清、宁而一之，更至于空灵，是统三才于一致，内外三宝合一，浑化归一而成，即"内外全无渣滓质，养成一片紫金霜"。此正是拳家所言"理经三昧方才亮，灵镜一片是玻璃""一点天清，二点地灵，三点神光遍九重"的大成无形无象之艺境，也即所谓"成功一也"之艺境。

成功一也，就是以天心为体，以元神为用，体用一元，至德全神的神拳神明艺境，具备神化之功。此乃真一不二之艺境，亦名无上境。故圣贤曰：

放之则弥六合，其大无外，无所不容；卷之退藏于密，其小无内，无所其入；卷放得其时中，丝毫无差，无不切机。

太极是一法

前贤将"太极"二字立为拳种之名称，又有《太极拳经》《太极拳论》问世，这足以说明太极是一理法。论述传统拳术的修炼、建体、致用等内容，就须遵从太极之理的修炼方法、规矩、准则。遵此者，是为太极拳修炼者。

传统拳术攻防之道乃直养自然先天之听探、顺化及其相互为用的攻防能力，即施招用手、施手用招，含形随应至变，皆从他力取法。而太极拳法，在传统拳术避实击虚的曲化直发技术方法的基础上，明确提出了以柔用刚、沾走相生、化打合一的攻防技术方法，使其成为一门躬身自厚、文兼武全的专科学问，健身、技击并行不悖，实现了"打拳原为保身之计"之目的。

太极者道也

太极者，道也。太极是"道"的代名词，在这点上，太极和道是等同的概念，前面已经论述过。遵循太极之理法，就是遵循《易经》中的两仪、三才、四象、五行、六合、七星、八卦、九宫等内容所体现的天人合一学说之理法，也就是拳家所说的"法分三修、游历三境、九个阶段、成功一也"的系列方法、系统工程。这些足以说明太极之理法就是修炼传统拳术攻防之道者的进阶之路。

上述所论的七条内容，全在点明太极之妙用，即"大德敦化，万物一太极；小德川流不息，物物各具一太极"之精义。故而我说：太极是一理，天道至理；太极是一气，太和一气；太极是一妙境，虚灵妙境；太极是一体，自己修炼而成的无形法身之道体；太极是一法，一点子沾走相生、化打合一之无为法；太极者道也，修炼自己无形法身道之体的道路也。故修炼传统拳术攻防之道的人，只有遵从太极理法，才能走上修炼的正道，舍此别无良途。

但是，这七条内容的论述，只有相互穿插、融会贯通，才能全部通透，化为己用。

长短句

叹当年，披坚执锐，扫荡群氛，几次颠险。① 蒙恩赐，罔徒然，到而今年老残喘，只落得黄庭一卷随身伴。② 闷来时造拳，忙来时耕田，趁余闲，教下些弟子儿孙，成龙成虎任方便。③ 欠官粮早完，要私债即还，骄谄勿用，忍让为先。④ 人人道我憨，人人道我颠，常洗耳，不弹冠，⑤ 笑煞那万户诸侯，兢兢业业不如俺，心中常舒泰，名利总不贪。⑥ 参透机关，识彼邯郸。陶情于鱼水，盘桓乎山川，兴也无干，废也无干。⑦ 若得个世境安康，恬淡如常，不忮不求，哪道他世态炎凉？成也无关，败也无关，不是神仙，谁是神仙。⑧

题解

此长短句乃歌行体，作者陈王廷意在表明自己年老体衰时期的人生态度。关键句"黄庭一卷随身伴，闷来时造拳，忙来时耕田"表明了其日常生活的内容，即颐养天年而已。

关于"造拳"二字，有人说是创造太极拳，也有人说就是一般的打打拳而已。孰是孰非，读者自己品之。

笔者认为，四字一句的《太极拳经歌诀》、王宗岳的《太极拳论》都是太极拳"经""论"之经典著作。

《十要论》中的《九要论》，并非陈王廷所作，也不是为太极拳而作，故而不能称为太极拳经典著作。

《易筋经·贯气诀》，也不是为太极拳而作，故而亦不能称为太极拳经典著作。

注解

① 叹当年……几次颠险

感叹当年，披坚甲，执锐器，扫荡群寇，激烈战斗，几次处于危险的境地。

② 蒙恩赐……只落得黄庭一卷随身伴

蒙皇恩浩荡，获赐"乡兵守备"之职，后来大半生都白耽误工夫，白白地浪费精力，并没有创造出什么价值，到如今，只剩下年老残喘，只落得《黄庭经》一卷随身作伴。

罔徒然：枉然、徒然。就是说自己白耽误工夫，白白地浪费精力，并没有创造出什么价值。

黄庭：即《黄庭经》，王羲之书，小楷，一百行。原本为黄素绢本，宋代曾摹刻上石，后有拓本流传。此帖其法极严，其气亦逸，有秀美开朗之意态。关于《黄庭经》，有一段传说：山阴一道士，欲得王羲之书法，因知其爱鹅成癖，所以特地准备了一笼又肥又大的白鹅，作为写经的报酬。王羲之见鹅，欣然为道士写了半天的经文，高兴地"笼鹅而归"。此传说之原文载于南朝《论书表》，文中叙说王羲之所书本为《道》《德》之经，后传之再三，变成了《黄庭经》。

因此，《黄庭经》又俗称《换鹅帖》，无款，末署"永和十二年（356）五月"，现在留传的只是后世的摹刻本。《黄庭经》有诸多名家临本传世，如智永、欧阳询、虞世南、褚遂良、赵孟頫等皆有临本，他们均从《黄庭经》中探究王羲之书法的路数，得到美的启示。然而，也有人认为小楷《黄庭经》笔法不类王羲之，因此《黄庭经》亦有真伪之辨。

《黄庭经》是道教上清派的主要经典，也被内丹家奉为内丹修炼的主要经典。《黄庭经》分为《黄庭内景玉经》《黄庭外景玉经》《黄庭中景玉经》，其中《黄庭中景玉经》出现较晚，通常不列在《黄庭经》内。

总之，《黄庭经》是古代修炼内功养生之道的经典著作这一点是毋庸置疑的。故而由此可以知道，陈氏太极拳传承、修炼的内容中肯定有内功心法。

③闷来时造拳……成龙成虎任方便

闲时闷得慌，就打打拳消磨时光；农忙时，就耕种田地，伺候庄稼。只有趁农闲的时候，教给弟子儿孙一些武艺，任其成材，或用以自保。

造拳：有两种解释，一是打拳，一是造拳。打拳，必定依照拳谱旧套而行拳、修炼、体认，可去伪存真；造拳，必须先有理法遵依，然后才能编排套路，只有依理法、准则、规矩一系列内容去修炼、运用，方能成为一家拳法。

④欠官粮早完……忍让为先

每年所欠的地税官粮，要早早地交完；欠下的私债，随即还清而不拖欠。骄狂、谄媚的心态勿有，为人处世以和谐忍让为先。

⑤人人道我憨……不弹冠

人人笑我呆憨，人人道我颠傻，我依旧不想出仕、不思为官也。

洗耳：据皇甫谧《高士传》说，尧曾想让天下给许由，许由不接受，认为这些话玷污了他的耳朵，就去水边洗耳，并逃往箕山，农耕而食。后来世人视许由为不慕荣利的人，并将之称为"洗耳翁"。

"洗耳"这个典故真正为世人所传颂，是因为李白的一首《古风》：

大车扬飞尘，亭午暗阡陌。

中贵多黄金，连云开甲宅。

路逢斗鸡者，冠盖何辉赫。

鼻息干虹蜺，行人皆怵惕。

世无洗耳翁，谁知尧与跖！

后两句意思是：世上没有了像许由那样不慕荣利的人，谁还能分得清圣贤（尧）与盗贼（跖）呢？诗人鄙夷地把中贵（宦官）、斗鸡者等佞幸小人看成是残害人民的强盗，同时也暗讽当时的最高统治者不辨"尧与跖"。这首诗通过对中贵和斗鸡人的描绘，深刻讽刺了佞幸小人得势后的嚣张气焰，对当时政治的黑暗表示了愤慨。

弹冠：比喻相互友善者援引出仕，亦指为官。不弹冠，即不想出仕，不思为官。

⑥ 笑煞那万户诸侯……名利总不贪

笑煞那万户诸侯，终日兢兢业业，奔波劳碌，阿谀献媚，不如俺心中清净、身体舒泰。我之所以如此，就是因为不贪图那些虚名暴利也。

⑦ 参透机关……废也无干

参透了人生自作自受的机关，识破了邯郸黄粱美梦的空幻，陶情于鱼水间，盘桓乎山川秀色，国家兴衰与我无关。

一枕黄粱梦：典出明剧作家汤显祖创作的《邯郸记》。赶考的卢生借宿旅舍，自叹贫困，道士吕翁便拿出一个瓷枕头让他枕上，卢生倚枕而卧，一入梦乡便娶了美丽温柔的妻子，中了进士，升为陕州牧、京兆尹，最后荣升为户部尚书兼御史大夫、中书令，封为赵国公，他的 5 个孩子也都是高官厚禄，嫁娶高门。

在梦中，卢生儿孙满堂，享尽荣华富贵，80 岁时，生病久治不愈，快断气时，突然惊醒，转身坐起，左右一看，一切如故，吕翁仍坐在旁边，店主人蒸的黄粱饭（小米饭）还没熟哩！

⑧ 若得个世境安康······谁是神仙

落得个世间平安，自己身体康泰，清净平淡如常，不妒忌，亦不贪得无厌。世态炎凉、是非成败皆与我无关。过着这样恬淡无欲的生活的人如果不是神仙，那谁才是神仙呢？

不忮不求：不妒忌，亦不贪得无厌。

拳经总歌

（七言二十二句）

纵放屈伸人莫知，诸靠缠绕我皆依。①

劈打推压得进步，搬撂横采也难敌。②

钩掤逼揽人人晓，闪惊巧取有谁知?

佯输诈走谁云败，引诱回冲致胜归。③

滚拴搭扫灵微妙，横直劈砍奇更奇。④

截进遮拦穿心肘，迎风接步红炮捶。

二换扫压挂面脚，左右边簪庄跟腿。

截前压后无缝锁，声东击西要熟识。⑤

上拢下提君须记，进攻退闪莫迟迟。⑥

藏头盖面天下有，攒心剁胁世间稀。⑦

教师不识此中理，难将武艺论高低。⑧

题解

此《拳经总歌》的内容，为传统拳术各门派所通用。在这首歌诀中，未看到有关陈氏太极拳立法的内容，说明此歌诀诞生的时间要早于陈氏太极拳命名之时。

注解

①纵放屈伸人莫知，诸靠缠绕我皆依

纵放者，进身直取也。诀言："纵，则放其势，一往而不返。

19

横，则裹其力，开拓而莫阻。"不管纵横身法如何运用，只要进身直取，都需要由手法、身法、步法三法合一的屈伸运动来完成，这乃攻防较技施手用招、施招用手的基本常识。但是，在种种攻防实践中，我皆依随对手的变化而施招用手、施手用招，这是习拳练艺者不知道的内容，也是"纵放屈伸人莫知，诸靠缠绕我皆依"一句诀言的精义。此诀言阐明了传统拳法的施手用招、施招用手的"含形随应至变，皆从他力取法"的无为法则。

②劈打推压得进步，搬撂横采也难敌

具体实施劈拳、推压诸攻防技法时，须要进步、进身，才能三节齐到力增加，稳胜对手。只要能做到随势进步，实施搬打、撩打、横击、采打，对手就难以抵御。

③钩掤逼揽人人晓……引诱回冲致胜归

钩法进身、掤法逼进，乃习拳者人人知晓的技法。然而闪展虚惊、避实击虚的巧取豪夺之法式，可有人知道？有关闪法、虚惊法，前贤皆有论述，录之如下，以资对照。

《少林拳经·论一闪之法》

闪乃身法，脚步为之根本，而实拳家之秘法也。与人对敌之时，前后左右，皆可攻入，而周身皆到更无破绽可窥。此为拳家第一妙诀，但非其人，实不可妄传耳。

《张横秋秘授跌打抓拿·千金秘诀》

问曰："弱可以敌强，何也？"

答曰："在偏闪腾挪。"

偏闪空费拔山力，腾挪乘虚任意入。

让中不让乃为佳，开去翻来何地立？

《唐顺之论拳》

做势之时，有虚有实。所谓惊法者虚，所谓取法者实也。似惊而实取，似取而实惊，虚实之用，妙存乎人！

以上所引三段论述，将闪法、惊法的妙用，以及在攻防中运用的价值，阐发得清晰明了。

《张横秋秘授跌打抓拿·千金秘诀》中一句"开去翻来何地立"，就将"佯输诈走谁云败，引诱回冲致胜归"一句的避实击虚之精义表达得清楚明白了。

④ 滚拴搭扫灵微妙，横直劈砍奇更奇

拳法当中之"滚手法"，乃常操三手"提手、锁手、滚手"之一。古有"上剃下滚分左右"之说法。拴者，进攻对手中门中路之法。搭扫，即搭手扫击，上有手法、下有腿法，皆可制胜。然滚、拴、搭扫的技法皆须身心空灵而手灵妙，才能有微妙玄通、至妙灵通、出神入化的变化。若再能随机用势，实施身法的横直变化，辅以劈、砍、揭、撩诸法出奇制胜，自能胜机稳握。

⑤ 截进遮拦穿心肘……声东击西要熟识

截者，顺其起落领而挫之也。一手运用截法破解对手来击之拳而进身，另一手采用遮拦的手法进穿心肘，顶击对手的胸腹，即可制胜。如对手闪让化解，我随势运用迎风扑面掌，紧接进步，使过道红捶；对手起手横拦破解，我顺势上面换手摆拳扫压，下使挂面脚扫蹬击之；对手撤步化解，我随势左右侧身蹬脚连击。截法在前，扫压在后，诸手一气呵成，声东击西，法式精熟，认识路径，才为上法。

⑥ 上拢下提君须记，进攻退闪莫迟迟

切记，实施攻防招法，或上拢，或下提，皆在随机用势；乘隙而进，避实闪化，一定要合机合势，莫犯迟疑、迟缓之病。

⑦ 藏头盖面天下有，攒心剁胁世间稀

对手来拳击我头面，我下蹲身藏头闪化；对手出手，我压打盖打其头面。这两种方法，乃是天下习拳练艺者都会的基本攻防法。然"钻心拳，顶心肘；腰斩石人，横身跺子脚"等直取中路进击的攻防招法，世间修炼拳术之道而会用的人可就稀少了。

⑧ 教师不识此中理，难将武艺论高低

教拳的师父，若不知道歌诀中所阐发的修炼、建体、致用，以及攻防功夫艺境升华的理法，不仅自己很难与别人比武较技论高低，所教诸法也论述不清楚；又因其自身难以分辨功夫艺境的高低，自然也不能将弟子教得明白。

太极拳十大要论

一理第一

夫物散必有统，分必有合。天地间，四面八方，纷纷者各有所属；千头万绪，攘攘者自有其源。盖一本可散为万殊，而万殊咸归于一本。拳术之学，亦不外此公例。[①]

夫太极拳者，千变万化，无往非劲。势虽不侔，而劲归于一。[②]夫所谓一者，自顶至足，内有脏腑筋骨，外有肌肤皮肉，四肢百骸相连而为一者也。破之而不开，撞之而不散。上欲动而下自随之，下欲动而上自领之；上下动而中部应之，中部动而上下和之。内外相连，前后相需。所谓一以贯之者，其斯之谓欤！[③]

而要非勉强以致之，袭焉而为之也。当时而动，如龙如虎，出乎尔而急如电闪；当时而静，寂然湛然，居其所而稳如山岳。且静无不静，表里上下，全无参差牵挂之意；动无不动，前后左右，均无犹疑抽扯之形。洵乎若水之就下，沛然莫能御之也。若火机之内攻，发之而不及掩耳。不暇思索，不烦拟议，诚不期然而已然。[④]

盖劲以积日而有益，功以久练而后成。观圣门一贯之学，必俟多闻强识，格物致知，方能有功。[⑤]是知事无难易，功惟自进，不可躐等，不可急就；按步就序，循序渐进。夫而后百骸筋骨，自相贯通；上下表里，不难联络，庶乎散者统之，分者合之，四肢百骸总归于一气矣！[⑥]

题解

本文乃《十要论》之首篇。既为首篇，必有提纲挈领之意义，精通此篇论述之宗旨，才能通读其下各篇，自有一气贯通之感。然在本篇，最关键紧要之句，乃"观圣门一贯之学"。何谓圣门一贯之学？将一贯之学的内涵辨析清楚，则本文宗旨自然就明白了，前贤所论之精义也就能抓住了。

一之为言，兼上下，会古今，联物我，统内外，是无可分别之名，所以谓之为贯。圣人之道尽在《易经》《春秋》。《易经》乃体现大本大用，全具无遗，天人合一之道尽在其中；《春秋》则全显大用，天人感应之机尽在其中。读《易经》而不达天人浑一之道，读《春秋》而不达天人感应之机，如何能识"一贯"之道哉？

孙禄堂先生在《拳意述真·自序》中说："夫道，一而已矣，在天曰命，在人曰性，在物曰理，在拳术曰内劲。"其根据自己修炼的经验体会描述了完善的内劲之性状，他说："身体如同九重天，内外如一，玲珑透剔，无有杂气搀入其中，心一思念，纯是天理；身一动作，皆是天道。故能不勉而中，不思而得，从容中道，此圣人所以与太虚同体，与天地并立。拳术之理，亦所以与圣道合而为一者也。"

这段论述表达了"一要论"的核心内容。

注解

① 夫物散必有统……亦不外此公例

自然法则告诉我们，松散的一切，必然有其能够统一的规律；分离的一切，必然有其能够集合的机制。所以说，天地间四面八方多而杂乱的一切，都各有其所从属，便于我们认知和掌握；千头万绪的事物虽然纷乱复杂，但自有其生法的根源。我们探本穷源，就可以使千头万绪的事物条理清晰。因为，万种不同之表象都归于一本之根源，是一切事物的本质与表象在演化过程中存在的必然规律。我们能够完成诸多事项，其根本原因就是遵守客观规律，遵循自然法则。修炼太极拳术攻防之道亦不例外。

② 夫太极拳者……而劲归于一

太极拳术攻防之道，包括修炼、建体、致用，以及其攻防功夫艺境的升华等内容，论说起来太复杂了，我们可以从其最重要的千变万化之攻防拳势来认识，因为拳术往来运用的无非拳势而已。拳势，由外形之势与中气之势所组成，我们先来认识一下形、气的关系。易数，一二三四五，气之生也；六七八九十，形之成也。生者在内而握机，成者在外而具体。拳势，莫不生于气而成于形，迨形之既成，莫不气中而形外。可知拳势者，中气生者在内而握机为主，形态成者在外故为臣。

故而说，拳势攻防之往来，莫不是中气所为之；所成拳势形态之不同类别，皆由中气所主。中气者，健顺和之至，太和一气，道也，名之曰太极。太极者，一也，这就是"势虽不侔，而劲归于一"之精义。

③ 夫所谓一者……其斯之谓欤

太极，就是所谓的"一"，从头顶至足底，内而脏腑、筋骨，外而肌肉、皮肤、五官、四肢百骸，皆由中气一以贯之，而达虚灵妙境。由于中气不偏不倚，无过不及，中正中和，与形体结合而不失接人拳势劲力之功，故其所成之拳势，具有破之不开、撞之不散的独特功能，又能使自身拳势变化达到"上欲动而下自随，下欲动而上自领，上下动而中节应，中节动而上下和"之境。

练形以合外，炼气以实内，气形虚实相须，内外一以贯之，是谓内外相连，即神、意、气、劲、形、中六合一统。气动形随，自身各处三节前后之动静有序，皆内气为主、外形为臣，君臣相须而成，这就是形成各种攻防拳势的一成不变的法则，由此而能达到"一太极"的虚灵妙境之艺境。

④ 而要非勉强以致之……诚不期然而已然

这种处于虚灵妙境的功夫，不是刻意造出来的，也不是模仿他人而装出来的，而是依靠法分三修、游历三境的系列方法，系统、扎实地递进修炼获得的，此即后人所说的"全体透空"的"太极"艺境。

攻防功夫达到大成的神拳神明之虚灵艺境者，与人比武较技，当静而不动时，寂静得像清水无波，清澈透底，居其所处之位，稳如山岳而不可侵；当发而动，动势如雷震，如山之崩塌，出乎人的意料而疾如闪电。当他静下来时，神意气劲形，无一处不静；表里上下，没有一点参差不齐、相互牵扯之意。当他动的时候，全身内外、上下、前后、左右没有一处不是按序而动；手眼身法步，肩肘腕胯膝，没有一处存在抽扯游离移位之形态，故能全力以赴而战之。其若动起来，就像决堤之水一泻千里；拳势浩浩荡荡，不可抵御；劲势犹如火药一般，使人不及掩耳。拳势攻防之变化，不及思索，应物自然，方圆曲直有感而应，触之随势即发，无不中的。这种拳术功夫艺境，修的就是每日坚持以正确的方法修炼、积累在自身中能独立存在的中气而成的法身道体。法身道体不单对健身、技击有益，更可以修炼成"不期然而然，莫之致而至"的神拳神明上乘艺境。

⑤ 盖劲以积日而有益……方能有功

除修炼内功、外功的建体、致用，渐至法身道体成之，还要观习圣门的《易经》"天人合一"之"一贯"的传统学说，以研修传统拳术攻防之道的理、法、术、功、形、意、体、用等内容。要博学广知，审问清晰，慎思独见，明辨是非，笃行不移，运用理论和实践统一的方法，做到以文观法，以形鉴真，洞察传统拳术攻防之精髓，揭得其奥谛，而达到豁然贯通的"虚灵妙境"，具备文兼武全将相身之才能。

⑥ 是知事无难易……四肢百骸总归于一气矣

凡事没有难易的分别，只有知与不知的差异。修炼成功太极拳术攻防之道，是件难事；如果从容易的地方着手修炼，也就成为容易的事了。这就需要习拳者尽心、尽意、尽力地坚持如法练功，不要三天打鱼，两天晒网，也不要超越自身之力所能及者而冒进。修炼传统拳术万不可急功近利，急于求成，要时刻牢记"欲速则不达"的古训。一定要按内功、外功、内外合一之建体、致用的步骤循序渐进，假以时日，自身内外自会由中气而贯通，内外上下自然成为一个有机的善于攻防之整体。这就是修炼太极拳术攻防之道，中气一气贯穿、由始至终、顺随为法的上乘艺境之"一贯"的道理。有关这方面内容，前贤早有明确的论述，录之如下，以资对照。

《浑元剑经·剑髓千言》

故戕贼成者，终难深造乎道。绵长者久必显达。过急则锐，恐多退速之虞；太缓则疏，未免作辍之清。然二夫准期何在？诗云：

休逞欢来歇力行，免将过役倦容生。

中庸万古传心法，中以庸行戒律清。

气欲足兮精为本，神光无滞天地春。

四肢鼓荡皆符道，力量增加要日新。

二气第二

天地间，未有一往而不返者，亦未尝有直而无曲者矣。盖物有对待，势有回环，古今不易之理也。故尝有世之论捶者而兼论气者矣！①

夫主于一，何分为二？所谓二者，即呼吸也。呼吸，即阴阳也。捶不能无动静，气不能无呼吸。呼则为阳，吸则为阴；上升为阳，下降为阴；阳气上升而为阳，阳气下行而为阴；阴气上升即为阳，阴气下行仍为阴。此阴阳之所以分也。②

何谓清浊？升而上者为清，降而下者为浊。清者为阳，浊者为阴。然分而言之为阴阳，浑而言之统为气。气不能无阴阳，即所谓人不能无动静，鼻不能无呼吸，口不能无出入，而所以为对待、回环之理也。然则气分为二，而贯于一。有志于是途者，甚勿以是为拘拘焉耳！③

题解

首先要知道，此段所言之"气"，乃"养气忘言守，降心为不为"，气沉丹田所生成之"真气"，又名精气、中气、内劲。我国自古就有的"呼吸精气，独立守神，肌肉若一，此其道生"的呼吸法，称真气运行呼吸法；而口鼻呼吸，为吐纳呼吸法。两者虽皆以呼吸而言，却有本质上的不同。这一点，习拳者务必要分辨清楚，否则入手便容易出现错误。传统拳学所用皆真气运行呼吸法，即后人所谓"内劲运行的吸提呼放"之法式。此段文章，可能就是后来吸提呼放、运用内劲之论述的雏形吧。

注解

① 天地间……故尝有世之论捶者而兼论气者矣

天地间万物万事，未有不遵循往返法则的，都是曲直互根、互变的。凡物有对恃，势必有回环，事物演化的对立统一的法则、规律，乃是古今不变的道理。常有论拳术攻防之道而兼论气的运用之人，其以气之阳入扶阴、阴入扶阳的种种说法，常使习拳者难以理解及应用。

② 夫主于一……此阴阳之所以分也

实际上，人体内的中气是一个独立体，可以分为两种用法，即"气体本一而有二之用"。所说的二，即指中气的吸提呼放上下运行。呼吸是阴阳的一种属性，吸则为阴，呼则为阳。拳的外形不能没有动静的运动，内气也不能没有吸提呼放的运行。主乎静的动态为阴，即内气的归根、归中的动势；主乎动的动态为阳，即内气由根、由中向上、向外的动势。上升的动势为阳，下降的动势为阴。在身体阳位的内气上升为阳，如脐上的内气向胸、手等部位的运行；阳位之气下行而为阴，如脐上之气下行到腿、足部位。阴位之气下行为阴，如脐下丹田少腹之气下行到腿、足部位；阴位之气上行即为阳，如脐下腿、足之气上行到胸、背等部位。此阴阳之所以分也。所说阳气、阴气，乃其位使之然也。

③ 何谓清浊……其勿以是为拘拘焉耳

何谓清浊？此乃根据天人合一之理法立论，轻清者上升以为天，重浊者下沉以为地，天地间本一气，乃有阴阳之两用也。传统拳法将人肚脐至命门一线定为三才之人，脐上为天，脐下为地。内气升而上者为清，降而下者为浊；清气上升自然轻灵，浊气下降自然松沉；清者为阳，浊者为阴。清阳浊阴，故内气的上下运行，必然要以清阳之气下行以滋阴，使之松沉之势浑厚浓重；以浊阴之气上行以滋阳，使之清轻之势虚灵。故浑而言之皆为一气，是言气之体为一也；分而言之为阴阳，是内气有阳升阴降、阳发阴收之两用也。内气不能没有阴阳呼吸升降之用，就像人要有动静，鼻要有呼吸，口要能说话一样。这就是一而二、二而一，阴阳相互转化、相互根生、相互为用、对立统一、循环不已的自然法则，充分体现了阴阳呼吸之二用实乃内气一体之理法。

三节第三

夫气本诸身，而身节部甚繁，若逐节论之，则有远乎拳术之宗旨。惟分为三节而论，可谓得其截法。

三节，上、中、下，或根、中、梢也。[①]

以一身言之：头为上节，胸为中节，腿为下节。

以头面言之：额为上节，鼻为中节，口为下节。

以中身言之：胸为上节，腹为中节，丹田为下节。

以腿言之：胯为根节，膝为中节，足为梢节。

以臂言之：膊为根节，肘为中节，手为梢节。

以手言之：腕为根节，掌为中节，指为梢节。[②]

观于此，而足不必论矣！然则自顶至足，莫不各有三节也。要之，即莫非三节之所，即莫非著意之处。盖上节不明，无依无宗；中节不明，满腔是空；下节不明，颠覆必生。[③]由此观之，身之三节，岂可忽也？[④]

至于气之发动，要从梢节领起，中节随，根节摧之而已。[⑤]此固分而言之，若合而言之，则上自头顶，下至足底，四肢百骸，总为一节，夫何为三节之有哉！又何三节中之各有三节云乎哉！⑥

题解

修炼太极拳术攻防之道，有一条"练用有别"的法则，且有入门初修和上乘功夫艺境的区别。此文章，首先肯定了三节定位的重要性，认为三节定位是初修入门的必修内容；后又否定了三节定位之论，而是阐述全体透空、法身道体的太极整体之运用，此乃大成艺境之说法。一论而兼顾，论传统拳术攻防之道，修炼、建体、致用及攻防艺境的升华，内容从易简处着手，省去了不少笔墨。习拳者能以文观法、观文得法，又能以形鉴真，乃为拳门行家里手也。

注解

① 夫气本诸身……或根、中、梢也

夫内气之生成本诸身，即成之亦敷布于全身，内贯周身而不能分节段。内气之所用，必依附于外形体。而按外形体划分之节段部位甚繁，若逐节而论之，则有悖于太极拳术从易简立论的宗旨，故依《易经》天、地、人三才定位之法，而以三节论述，则易明了。所谓三节者，上、中、下也，又名根、中、梢，其意相同。可谓"位有定处，自有其用处"也。

② 以一身言之……指为梢节

以一身而言之，头为上节，身为中节，腿为下节。

以上节头言之，额为上节，鼻为中节，颌为下节。

以中节身言之，胸为上节，腹为中节，少腹丹田为下节。

以下节腿言之，足为梢节，膝为中节，胯为根节。

以手臂言之，手为梢节，肘为中节，肩为根节。

以手言之，指为梢节，掌为中节，掌根为根节。

③ 观于此……颠覆必生

观于上述所论之意，则足之三节就不必论述而自能明之。自顶至足，莫不各有三节之分。一身如果没有三节定位分明，则拳势攻防变化的施招用手、施手用招就没有着意之处，内劲也就没有着落之处了，内气、外形不能匹配合一而用，拳势必然自乱矣！三节分明，乃是使自身局部与整体统一协调的好方法。因为上节不明，就会失去应起的领气之作用，中下节就失去了首领、失去了号令，而不能行动一致；中节不明，自身的防守就不严谨，要害部位就容易暴露，遭到对手的重击；下节失控，则根节不稳，不用对手击打，自己一动便会有跌倒的可能。

④ 由此观之……岂可忽也

由此观之，三节分明是不可忽视的身法规矩。

⑤ 至于气之发动……根节摧之而已

至于攻防变化的施招用手、施手用招，皆是内气催动、外形体传导所发起的拳势，皆是梢节领起，中节顺随，根节摧动所为，如此而已。

⑥ 此固分而言之……又何三节中之各有三节云乎哉

这是节节相关、一气贯串的气形合一运用的说法。要是从太极拳术法身道体的整体观念出发来论，那么自身从头顶到足底，从梢到根，乃一虚灵的全体透空之整体，哪里还有什么三节？三节之中，又如何会各有三节呢？

四梢第四

试于论身之外，而进论四梢。夫四梢者，身之余绪也。言身者初不及此，言气者亦所罕闻。然捶以由内而发外，气本诸身而发梢。气之为用，不本诸身则虚而不实，不行于梢则实而仍虚。梢亦可弗讲乎？若手、足指，特论为身之梢耳，而未及梢之梢也。①

四梢惟何？发其一也。夫发之所系，不列于五行，无关于四体，是无足论矣！然发为血之梢，血为气之海。纵不本诸发而论气，要不可离乎血以生气；不离乎血，即不得不兼乎发。发欲冲冠，血梢足矣。②

抑舌为肉之梢，而肉为气之囊。气不能行诸肉之梢，即气无以冲其气之量。故必舌欲摧齿，而肉梢足矣。③

至于骨梢者，齿也。筋梢者，指甲也。气生于骨而联络于筋，不及乎齿，即不及乎骨之梢；不及乎指甲，即不及乎筋之梢。而欲足尔者，要非齿欲断筋、甲欲透骨者不能也。果能如此，则四梢足矣。④

四梢足，而气自足矣！岂复有虚而不实、实而仍虚之弊乎？⑤

题解

根据本文对四梢的论述，一个习拳者，应在修炼拳术内外功夫过程中，不断地以四梢功能为标准来要求自己，检查自己的修炼方法是否正确。

前贤以四梢立论，实乃阐述如何在符合自身生化机制的条件下，修炼出全体大用的攻防之道真功夫来。

注解

① 试于论身之外……而未及梢之梢也

前已论述一身内外匹配如一、三节所修炼的攻防功夫艺境，论述了一气二用的道理、方法、准则，现在进一步论述末梢之概念。所谓末梢，就是有形之梢节的无形之梢节，最能表现人体气血之盛衰。以往谈论拳术身体一贯、三节运用的人没有讲过此内容；讲浑元一气，而有阴阳二用的人，也没有涉及过此内容。太极拳术之攻防，是以圈内打圈外，拳势由内气生、发达于外形为体现。内气由身中达到末梢，故内气之所用，若不以身体为根本，则必然飘然散逸，虚浮而不沉实。虽然内气以身体为本，但若身体未将内气传到末梢，即便自觉内气实实在在，实际上仍是虚而不及位的不充足状态。内气由身体传导而能达到末梢，才能更好地发挥拳势的攻防威力。所以，关于末梢的问题，习拳者怎能不细细推求呢？然若只论手足之指为末梢，则只指出了身体的末梢，而未能涉及气之梢的内容。

②四梢惟何……血梢足矣

那四梢是什么？各有什么象呢？头发，就是四梢之一。头发，内不列于五脏之内，亦不牵连五脏；外不联系四肢，亦不妨碍四肢，似乎不值一论。然发乃血之末梢，血又是气的源泉，所以讲气就不能不讲血，也就不能不讲毛发了。毛发耸然竖立，即发欲冲冠，就是血梢充足圆满的表象。传统医学认为，气为血帅，血为气母，气行则血行，气滞则血瘀。中医又讲，心生血，脾统血，肝藏血，皆赖肾之元精，即元阴、元阳以滋生，又赖肺之呼吸吐纳以生成，又时刻离不开口之饮食、肠胃之消化吸收以补充。此文中"发之所系，不列于五行"的说法，乃纯从拳术修炼的角度论述内气的生成及运用。根据身体各个部位毛发的情况可以察知各脏腑气血之盛衰。此文虽未明讲，实已含中医的生理、病理知识在内了。精研中医学的理论知识，可以了解修炼拳术的基本法则及其道理，并对自己有利。

③ 抑舌为肉之梢……而肉梢足矣

其他，如舌为肉梢，即舌头为浑身肌肉的末梢，而浑身肌肉就像是个蓄放内气的大囊。肌肉蓄放内气的功能，是拳势产生的重要机制之一。如果浑身肌肉蓄放内气之量不足，就不能产生足够的气势，拳势也就不具有战胜对手的威力了。故必须以舌头由内向外抵住前牙齿，肉梢才能够饱满，才能使自身肌肉蓄放内气的量达到最佳状态，产生理想的拳势攻防之效果。

④ 至于骨梢者……则四梢足矣

骨头的末梢是牙齿。中医云："齿乃骨之余。"筋的末梢是指甲。内气生于肾，而肾生骨，骨在内，又赖于筋的联结，才能成为有机之骨骼系统。如果内气没有达到牙齿，也就没有达到骨的末梢；若筋附于骨表，内气没有达到指甲，则说明全身筋系之气不足。要想使内气有充足圆满之势，非要有齿欲咬断牛筋、指甲穿皮透骨之势不可。若真能如此，则四梢足矣。

⑤ 四梢足……实而仍虚之弊乎

若修炼拳术之道而能达到发欲冲冠、舌抵牙齿、齿欲断筋、甲欲透骨的境界，那么四梢自然就充实，内气自然就充足。基于此，所成之拳势则必然具备"破之而不开，撞之而不散"的一贯之威势，哪里还会存在"虚而不实"或者"实而仍虚"的内气不足之现象呢？

五脏第五

夫捶以言势，势以气言。人得五脏以成形，即由五脏而生气，五脏实为性命之源，生气之本，而名为心、肝、脾、肺、肾也。心属火，而有炎上之象；肝属木，而有曲直之形；脾属土，而有敦厚之势；肺属金，而有从革之能；肾属水，而有润下之功。此乃五脏之义，而犹准之于气，皆有所配合焉。凡世之讲拳术者，要不能离乎斯也。①

其在于内，胸廓为肺经之位，而肺为五脏之华盖，故肺经动，而诸脏不能不动也。两乳之中为心，而肺抱护之。肺之下、膈之上，心经之位也。心为君，心火动，而相火无不奉命焉。②而两乳之下，左为肝，右为脾，背之十四骨节为肾。至于腰，为两肾之本位，而肾为先天之第一，又为诸脏之根源。故肾气足，则金、木、水、火、土无不各显生机焉！此论五脏之部位也。③然五脏之存乎内者，各有定位。而见于身者，亦有专属。但地位甚多，难以尽述。④大约身之所系，中者属心，窝者属肺，骨之露处属肾，筋之联处属肝，肉之厚处属脾。⑤想其意：心如猛，肝如箭，脾之力大甚无穷，肺经之位最灵变，肾气之动快如风。是在当局者自为体验，而非笔墨所能尽罄者也。⑥

题解

此一文，之所以名为"五脏第五"，是因为其以五行理论而论述自身。讲述"散之必有其统，分之必有其合，纷纷者各有所属，攘攘者自有其源"的道理，以及第一要所论一身以一气贯串、气形合一而用的自身生化之机制。此文以中医学的自身全息理论，系统地阐明了"五行合一"，提出了自身内外、上下、前后、左右各个部位皆能为拳术所用；以五脏、经络、身体各部位的联属关系，为传统拳术能够修炼到自身内外协调统一而用提供了科学的依据。此文是传统拳学的经典文章之一，习拳者不可忽视，如欲深究，观习《黄帝内经》便可更为明了。

注解

① 夫捶以言势……要不能离乎斯也

讲拳法不能不讲拳势，讲拳势不能不讲气势，讲气势之用，就不能不讲气的根源及气的生成之理，就不能不知道气的运行、运用机制。人靠五脏的正常生化，而得以生存运动；靠五脏的生化机制，得以有生命的活气，这就是"气由五脏而生"的说法。五脏，确实是生命的源头和内气生成的根本所在。五脏之名为心、肝、脾、肺、肾。按五行学说而论，心属火，而有炎上之象，故显轻灵；肝属木，而有曲直之形，故形有曲直之用；脾属土，其具敦厚之性，故有无所不化、无所不容之能；肺属金，其性虚灵，故有随势变革之能；肾属水，其性松沉，故有润下之功。此乃五脏属性之本意。能准确地生发内气，维持正常的生命活动，以及自身神意、形态之正常表现，皆须五脏之间各司其职，而又配合默契来保证。

传统拳术攻防之道的修炼和运用，时刻不能离开对自身五脏、经络、各部位所属的认知，这对自身一气统贯周身的运用来说，是非常重要的，离开这一点来研究、探讨传统拳术攻防之道的修炼、建体、致用等内容，无异于纸上谈兵。

此文所论五行之意，后来发展为形意拳之五行拳法，"崩拳属木，似木之直射如箭；炮拳属火，似火爆烈而又轻灵上炎之势；横拳属土，似土敦厚，其形如弹丸之圆；劈拳属金，似金之利，如下劈之势，从金气肃降之意；钻拳属水，似水无孔不入之意，但要拳势松沉为本"。传统拳术之修炼、建体、致用的理法术功，是以此文的宗旨为根基而阐发的。由此看来，传统拳术攻防之道的一脉真传，不在于从师何门，而在于是否得到一脉真传之理、法，而又能集理、法、术、功于一身。得之者，是为真传；非得真传者，言拳必无根本，故多谬言。

②其在于内……而相火无不奉命焉

现在，再来看看五脏在胸腹中的位置及其功能。

肺脏处在胸腔间，膈之上，手太阴肺经由此出而连于手。由于其位处最上，而为诸脏之华盖，肺气以轻灵肃降之性润滋脏腑。肺司呼吸吐纳，瞬隙不可以止，动而安静（归根之曰静，故曰"安静之动"），诸脏随之亦不能停止生化之活动。故若肺脏躁动不安静，就不能行使肃降之令，会导致诸脏亦不能安静。上极则下行以降，乃肺脏之功能，轻灵肃降乃肺脏之性。

心脏处在两乳之间的胸中，而肺脏包护其外。心居肺之下、胃之上。心为君火，动而相火无不奉合。相火，传统医学认为乃肝胆少阳之火。

心、肺同居上焦，乃示天位的阴阳平衡之象。心属火，其性炎上；肺属金，其性肃降。上焦乃似天之位，故医家有上焦如雾的说法。

③而两乳之下……此论五脏之部位也

而膈下两胁之间，肝脏居右，其用事之功能为阴尽阳升之象，其经名"厥阴"，下而连足。人体左为阳，故此文之"左为肝"乃从肝之用而论也；脾脏在左胁间而居，其用事之功能为阴中之阳升之象，一补上焦的气化功能，二助胃的下行功能，人体右为阴，故此文之"右为脾"亦从脾之用而论也。

脊背十四个骨节皆为肾所主，五脏皆系于脊背。脊通肾脏而生骨髓，脊又通全身之骨髓，故全身之骨皆为肾所主宰。至于腰之两侧，则为肾脏所居之本位，故肾为藏贮先天元精，即元阴、元阳之所在，故有"先天第一"的称谓。修炼拳术攻防之道，不以后天筋劲骨力为大用，而以后天之形体修炼元精化成真气以为用。肾属水脏，水能生木，肝属木脏而主筋，故水能生肝长筋；木能生火，心属火脏而主血脉，故木能生心而生血脉；火能生土，脾属土脏而生肌肉，故火能生脾而长肌肉；土能生金，肺属金而主皮毛，故土能生肺而长皮毛。五脏依次而生，六腑依次而长，进而外形骨、筋、血脉、肌肉、皮毛乃成也，气乃聚之成形也。"肾为先天之第一"，尤为诸脏生成之根源，故肾水，即肾精充足，则木、火、土、金、水诸脏的"生、长、化、收、藏"功能皆有生机。此乃五脏之位所使然也。

④ 然五脏之存乎内者……难以尽述

且五脏之存于体内，各有其固定之位置，而具体到身体各部位，亦自有所专属。

后脖颈、头顶、脑、骨骼、背皆为肾所主，两耳亦属肾；浑身之血脉皆属心；而筋节则属于肝；上下两唇和两腮部位皆属脾；两发，即毛和发，皆附生于皮，故属肺。

天庭，为六阳之首脑也，此处荟萃五脏之精华，实为头和面之主，乃一身之座督。印堂，阳明胃气流注所在，天庭性起，机由此达；但生发之气，由肾而达于六阳，故肾之生发之机，实为天庭之枢机。天庭部位乃心肺之所属也，心生杀机，肺行肃降，由肾而达于六阳，荟萃天庭。故此，古拳论有"眉间一线露杀机，杀机一线在眉间"的说法。"天庭乃一身之座督"，即为杀机在此的意思。肾者，"作强之官，伎巧出焉"，故肾之生发之气，又是"天庭杀机之神"的枢机。

两目皆属肝之窍，仔细论之：胞睑为肉轮，内应于脾；两眦为血轮，内应于心；白睛为气轮，内应于肺；黑睛为风轮，内应于肝；瞳神为水轮，内应于肾。眼实为五脏之精华所汇聚同司之器官，不得以专为肝经之所主而论。以此论为引，身体各部位器官，皆相互为所主属，故有"全息论"之说。古人已经清楚地认识到这一点，故有自身脏腑、经络、器官、部位相互为用、互为从属的系列性论述。

鼻孔为肺经之窍，两颐为肾经所主，耳门之前为胆经，耳后高骨属肾经。鼻为面部之中央，属土，与肺共司吐纳呼吸之职。吐故纳新，得天之精气所养，乃自身滋生之源泉，又是中气生成之主要因素。无吐纳呼吸之资生，中气就不能生成。

人中（水沟穴）部位，为血气汇聚之地，上冲印堂，达于天庭，亦为至要之所在。唇之下为承浆，承浆之下及左右为地阁，地阁与天庭相对应，承浆、地阁亦肾经所主之位也。

脖子前后左右及头顶，皆为五脏之气运行之道路，气血之总会处，细分之则前为饮食、呼吸之气出入之道，后为肾气升降之途，肝气由此左旋以升，脾气由此右旋以升，为周身内气运行的关键部位。前《易筋经·贯气诀》所言"头为诸阳之首，全身之气入与不入皆以头为领"，即此文之要领说。

两乳乃筋聚所成，故为肝经所主；两肩凹陷之窝，为肺经所主；两肘为肾所主；四肢为脾所主，医家有"脾主四肢"之谓也；两肩头肉厚之膊处，皆为脾所主，脾亦主肉也；而十指则为五脏所主，其中心为火主中指，脾为土主大指，肺为金主无名指，肾为水主小指，肝为木主食指；膝与胫骨皆肾所主，两脚跟为肾之重要部位，脚底涌泉穴为肾经的穴位。

⑤大约身之所系……肉之厚处属脾

在身体各部位中，处于中间者多为心经所系，内陷成窝者多为肺经所系，骨之露者皆为肾经所系，筋之联结处多为肝经所系，肉之厚处多为脾经所系。

⑥想其意……而非笔墨所能尽馨者也

想五行之意：心火，其性猛如虎；肝木，其形直如箭；脾土，其性敦厚，蓄势最足，故其气力无穷；肺金，轻灵便捷，故变化灵敏；肾水，其气动快如风，似冬日疾风强劲也。

举例说明，凡身之所属于某经者，终不能无有其意义，习拳者自己修炼、体认，才能知之。这个问题，不是笔墨书写、言语表达就能够明白的。

至于五行的生克制化，虽然医学自古就有一套完整的理论体系，但是，追究五行学说的核心，自有统一会中的宗旨。运用五行学说，论述自身百体之所属，尽可一言以概之，总是一元生发而成。自身之四体：头为诸阳之首，一体也；身，颈至尾骨、会阴，二体也；双腿足，舟车者，三体也；双手臂，门者，四体也。三心者：头顶之心，百会也，一心者；两足之心，涌泉也，二心者；两手之心，劳宫也，三心者。以此四体三心合为一气所用，就是"一阴一阳是为拳"。一阴者，四体三心之总合为一也；一阳者，就是气沉丹田所生成的中气。中气统一阴形而成拳势以为用，这是多么简单易行的修炼拳术攻防之道的方法呀！既然如此简单明了，又何必非要把拳法、拳势、组成拳势之形体部位，与经络一一对号入座来论述呢？把原本一个有机的整体，用毫不相干的方法，拆开来再零零碎碎地解释呢？大道从简易，拳术约繁就简论之，就是"一阴一阳是为拳"。

此五行要论，是习拳者应知应会的内容，习拳者不要执着于经络之气说，亦不要执着于五脏脏气说，此两者皆为医家所用之，拳家借此而明理法，一旦理法明之，就要进入到内气、外形中，也就是本文的四体三心合为一气中来修炼。习拳不知取舍之法，不算醒悟；凡知取舍之法的人，必是醒悟者，大成之艺境便指日可待了。

三合第六

五脏既明，再论三合。夫所谓三合者：心与意合，气与力合，筋与骨合，内三合也；手与足合，肘与膝合，肩与胯合，外三合也。①

若以左手与右足相合，左肘与右膝相合，左肩与右胯相合，右三与左亦然。以头与手合，手与身合，身与步合，孰非外合！心与目合，肝与筋合，脾与肉合，肺与身合，肾与骨合，孰非内合！然此特从变而言之也。②

总之，一动而无不动，一合而无不合，五脏百骸悉在其中矣！③

题解

传统拳术攻防之道的六合理论，源于上天、下地及东、西、南、北向"六合一体"的天地六合说。人体身形一成，便具此上头顶、下足底、前胸腹、后背臀、左侧面、右侧面的六合一体之形，但此之形，不经过修炼，尚不能用之于攻防。此文所论，乃如何能修炼出拳术攻防所用的六合一体之形的方法、准则、规矩等内容。

注解

① 五脏既明……外三合也

心为主，意乃心之所动之向，心意相合，动之先机已具备。气与力合，所动之气与外形所发方向之力相合，便是拳势威猛的缘由。筋与骨合，筋所产生的劲与骨力相合，才能保证拳势形态正确，才能保证心意一动，气催劲势达于筋劲骨力之中，才能

"站其位，拔其根"，产生变化灵活、迅雷不及掩耳之势，此为内三合也。随着拳势攻防变化，外形的手足、肘膝、肩胯上下垂直，劲意合住，谓之外三合也。外三合为形整之势。

②若以左手与右足相合……然此特从变而言之也

内三合要辅以外三合，即手与足合、肘与膝合、肩与胯合，才能保证拳势攻防整体到位；背、肩、肘、手和腰、胯、膝、足顺序相合，才能保证自身上下整体发挥及时。以上为拳法六合说的基本内容。还有十字法的左手与右足合、左肘与右膝合、左肩与右胯合的用法。右侧亦然。此手足、肘膝、肩胯之相合，乃指上下垂直相对、劲势相吸之两项内容而言。拳势攻防的"三点一线"，又名"三尖相照"，是自身稳健、变化敏捷、攻防犀利的方法、准则。尚有头与手合、手与身合、身与步合的四体三心合一的方法，这些皆是外三合的具体内容。心与眼合，肝与筋合，脾与肉合，肺与身之皮毛合，肾与骨合，这些皆属于内三合的内容。

如将六合说法之"六"理解成数词，就片面了。就上面所论，各种相合的说法何止六种！传统拳法的六合说，乃六合一体之形的说法。上面所论，是为初习拳者入门修炼时，理解身法规矩，明白攻防动变法则，掌握拳术攻防之道的修炼、建体、致用的系列内容。

③总之……五脏百骸悉在其中矣

总之，拳势攻防之变化，乃一动而全身内外上下、四肢百骸无不按序而动，一合而全身内外上下、四肢百骸无不合住，此乃拳势攻防之动静开合的法式。内气、外形动静、开合，全身上下、前后、左右、内外同时动静、开合，身体内外各部位按序自动协调、虚实配合而动静、开合有制，才是真正完善的"六合说”之内容。

尚有"神、意、气、劲、形、中"的六合一统说，"绳、准、规、矩、衡、权"的天地六法度的六合说，以及"时序六法度，时序对应"的六合说。当然这些都是后人对传统拳法六合说内容的发展。

各种六合说皆为分项立说之法，必须合而用之，形成自然，方合法度。此乃传统拳术攻防之道实实在在的真功夫内容。如能全面理解、充分掌握六合诸法，则身体四肢百骸之用已在其中了。

后人之"一动无有不动，一静无有不静""曰动，静在其中；曰静，动在其中""中正安舒，势正招圆"等论述，无不以此六合说法为基础。

本此文内外三合的宗旨，后人立心意六合拳门，流行于世；亦有单名"陆合拳"名的门派与拳种。凡以"六合"为名者，无不尊此文之宗旨，可见一脉相承真传之传统，非虚言尔。

六进第七

既知三合，犹有六进。夫"六进"者何也？[①]头为六阳之首，而为周身之主，五官百骸，莫不体此为向背，头不可不进也。[②]手为先锋，根基在膊，膊不进则手却不前矣！是膊亦不可不进也。[③]气聚于腕，机关在腰，腰不进则气馁而不实矣！此所以腰贵于进者也。[④]意贯周身，运动在步，步不进意则索然而无能为矣！此所以必取其进也。[⑤]以及上左必进右，上右必进左，共为六进。[⑥]

此六进者，孰非着力之地欤！要之，未及其进，合周身毫无关动之意；一言其进，统全体全无抽扯之形。六进之道，如是而已。⑦

题解

此文虽以"进法"立名，而退法已在其中了。故而，太极拳术攻防之道的修炼、建体、致用的内容，其精髓正如前贤所云："夫拳贵乘机以进，无隙则退。故奇正明，拳法成；精神全，神力猛。"古语之"一声吓断长江水"，乃威神并作也。既能如此，何患对敌难胜？非内外打成一片，难以飞而出快，妙而显神。非真阴阳生，不能召天地之精气神，归入身心。惟气结于根，久战如未战也。至于生威之道，在于存神。神能常存，久自生威。存神以固精为本。《易经》云："知止止者，亦进攻退守之道也。进攻之道，见机而作；退守之道，忍辱（封制）为先。进退得宜，便为知止。若茫然而进与退，昧然而守与攻，非徒无益，恐招尤之媒来自面前，而昧已晚。是求荣反辱。欲固守己身，多助敌资，良可惜也。故曰：战胜一时，由于训练千日功夫。岂偶然乎？"

注解

① 既知三合……夫"六进"者何也

既然在前面已经知道了身法功夫中的内外三合之种种规矩、法则的内容，就应当进一步研究六进法的功夫内容了。六进法都有哪些具体内容呢？下面分别讨论清楚。

② 头为六阳之首……头不可不进也

头为诸阳之首，其处位置最高，诸阳又主动，故头为一身动静变化之首领，又为一身之主，五官、四肢百骸没有不听命于头的，故头进则周身皆能进。故在进法中，头为一进也。此乃一进之法也。

③手为先锋……是膊亦不可不进也

手为先锋，然其根在臂膊，故臂膊不进则手不得前进矣。通背拳法中有"伸臂探膀"法，就是出手、进膊之用法。出手、进膊之法各为一进。此为二进、三进之法也。

④气聚于腕……此所以腰贵于进者也

发招用手，气聚于手腕，就是虎腕要挺的意思。然而，发手的机关在于"腰"顶的功夫，腰不顶进则手之气势必馁，发必不坚实。欲手发气势坚实有效，腰贵顶进；腰之顶进，可助手发劲势之威力，是助手发招骤生威力之法。腰顶为一进也。此为四进之法也。

⑤意贯周身……此所以必取其进也

传统拳法攻防之道，只有自身内外整体与局部相互协调一致，才能完成攻防之动作准确、恰到好处之功夫。故必须时时刻刻意贯周身，也就是虚实相须，内外一而贯之，如此才能保证自身进攻退守变化自如而有序。此乃古拳谱"意要胜人"之精义。故意进亦为一进法也！此为五进之法也。

可是，全身进退运动在于步法的应用，即"上下在手，进退在步"。步若不进，则周身之意必索然不知所措而无法能为。为取得攻击效果，必取步进为法，故步进为一进也。此乃六进也。

⑥以及上左必进右……共为六进

步进之时必须做到：上左步，右步必须同时跟进；上右步，左步亦必须同时跟进。这样才能保证自身进退攻防灵活多变。故上左必进右，上右必进左，各为一进也。此是对步为一进之法的进一步补充说明。以上所论名为六进法。有名七进的，与之意义相同。

⑦ 此六进者……如是而已

上述所论六进法之具体内容，不论哪一项都是习拳者需仔细研炼精修的课题，最重要的是：未及其进，合周身毫无关动之意，是为静若处女、静如山岳之功夫艺境；一言其进，神意统全身内外、上下、前后、左右，全没有抽扯之意和游走离位之形，故六进之道的精髓得矣！说其难，不知者难；说其易，不练者、不得者不易为之。六进法的内容，或难或易，如是而已，丝毫没有神秘之处。

身法第八

夫发手击敌，全赖身法之助。身法维何？纵、横、高、低、进、退、反、侧而已。①

纵，则放其势，一往而不返；

横，则裹其力，开拓而莫阻；

高，则扬其身，而身有增长之意；

低，则抑其身，而身有攒促之形；

当进则进，殚其力而勇往直前；

当退则退，速其气而回转扶势。

至于反身顾后，后即前也。

侧顾左右，左右恶敢当我哉！②

而要非拘拘焉！而为之也，察夫人之强弱，运乎己之机关。有忽纵而忽横，纵横因势而变迁，不可一概而推。③有忽高而忽低，高低随时以转移，岂可执一而论。时而宜进，不可退，退以馁其气；时而宜退，即以退，退以鼓其进。是进固进也，即退亦实以助其进。④若反身顾后，而后不觉其为后；侧顾左右，而左右不觉其为左右。⑤总之，观在眼，变化在心，而握其要者，则本诸身。身而前，则四体不命而行矣！身而怯，则百骸莫不冥然而处矣！⑥身法，顾可置而不论乎！

题解

此所言身法，用法为其主要内容。然有基本身法修炼的规矩，不可不知。总体上说，就是"尾闾中正神贯顶，满身轻利顶头悬"。这需要从局部的调整开始。前贤有身法调整的论述，录之如下，以资对照。

张横秋秘授跌打抓拿拳谱阐释

用力：周身用力，逐一细推。头若顶千钧，颈如搬树转，下颏如龙戏珠而挺出；肩膊如铁，浑坚而陡来；前手如推石柱，后手如扯拗马；前脚如万斤之石压，后脚如门闩之坚抵来；臀如坐剪夹大银，身如泰山无可撼。此周身用力之妙，摹神设想之巧者也。

此论是初期修炼、调整身法的规矩内容，如欲知道详细情况，可以查阅原谱内容。

注解

①夫发手击敌……反、侧而已

手法、身法、步法三法合一之攻防拳势的身法，都有哪些内容？在攻防拳势运用中，都有哪些法则？不外乎纵、横、高、低、进、退、反、侧八法而已。所谓"身法"，乃上至头顶、下至足底、远至手足指之一身之法，就是通常所说的手法、身法、步法三者合一之法，是广义的身法。

② 纵，则放其势……左右恶敢当我哉

纵，则放其势，一往而不返

纵身法，就是正面对敌之身法。拳谚云："前足夺后足，后足站前踪。前后一直线，五行主力攻。"这就是正面对敌进攻的身法。"纵"者，即说进攻的正面拳势要放得开，如此才能有勇往直前的劲势。此纵身法，后人以"竖"替代而言拳，又名之曰"正身法""重身法"等，名称虽然不同，然其机制，内容是一样的。

横，则裹其力，开拓而莫阻

横身法，就是侧身法，又名"扁身法"。拳谚云："前足夺后足，后足站前踪。左右一面站，单手克双雄。"就是说，侧身攻击对手的身法就是横身法。拳谚又云："攻防进退横竖找。"就是说，攻防进退时，要利用身法横和竖的正隅变化，来寻求对手的可利用之机势以胜之。身法中，横与竖相对应，纵身法为放开气势的方法，在由纵身法变为横身法的过程中，必然要收敛气势，而使旋转滚动之势产生，故云："横则裹其力，开拓而莫阻。"此乃身法的纵横互变，自身通过拧裹旋转产生离心力或向心力的发放效果。这就是拳诀"闪开正中定横中"的方法，前人直名其为身法之"横"。可见前贤必通古时"纵横"术，而又将之引入拳中以论身法。

综上所述，纵身法又名"正、竖、重"，横身法又名"隅、侧（扁）、轻"，这是从不同角度对同一个内容的阐述。

高，则扬其身，而身有增长之意

高身法，打人长身，是说进攻对手时要高扬己身，贯彻"打人全凭盖势取"的法式。然此言并非单独指外形也，主要是说"内气要将自身擎举而有长势"，故有"而身有增长之意"的补充说明，习拳者应仔细品味。后人所论"打人全凭盖势取"，即此文之高身法的艺境。当然，拳势之长，必以形显，扬其身，形必见长，然此长之形，乃内气擎举而成，明此，乃得高身法扬其身之精髓矣！高身法是开势，是内气开展而擎举自身的拳势身法。

低，则抑其身，而身有攒促之形

既然拳势有高扬其身的法式，那必然也就存在俯身屈伏的法式。低身法就是抑其身，即一缩、一矮攒聚身形，犹如伏身扑鼠之猫的蓄势之身法。古论有"奋威法伏熊"之说，即熊在扑食之前，俯身屈伏，以蓄前扑之势，低身法即此意。打人长身是一法，而防人矮身亦是一法。长身可攻击对手，运用矮身伏缩亦可领带攻击对手，故后人所云"起也打，落也打，起落好似龙卷风"，说的即是攻防招式之运用，更是说身法的长身之起、矮身之落也。

总论身法高低之用，高则气势顶天立地，威风凛凛，如龙升天；低则团簇成球，仿佛入地一般，似龙潜九渊。否则，高身法的霸王举鼎、霸王倒立碑、插花盖顶、猛虎出山等招法如何施之？低身法的金丝倒挂、海底针、巧夺凤凰巢、扫堂腿等下三路的招法如何用之？可见身法高低变化乃施招用手、施手用招的根基。

当进则进，殚其力而勇往直前；当退则退，速其气而回转扶势

传统拳法攻防进退，当进身施手用招、施招用手时，必竭尽全力，全身以赴，直奔对手要害部位，方能得手。所谓要害部位，并非要命部位，乃是对方防守空虚、背势所在的部位。无隙当退之时，就要及时抽身撤步回手，转为蓄势伏形的状态，这才有利于随时再发动猛烈的攻击。

总论身法的进退，后人有云："进为人所不及知，退亦人所莫名速。"此须得进退法之精髓者所能言之。拳势达到"放之则弥六合，卷之则退藏于密"的收放自如之境，方可为"卷放得其时中"的发必中的。当然，这已经是攻防功夫的大成艺境了。

至于反身顾后，后即前也

至于反身顾后的身法，是说若身后有对手偷袭，顺势一转身形，即可将对手置于自己面前受攻击的位置上了。此乃言拳势所施无前无后，全在自己得法精熟，而能随机用之。亦可不转身而应机实施攻击招法，如虎尾腿、倒踢紫金冠、后背靠、老虎坐窝、后顶肘等，此皆是"后即前"的招式，这些招式能否成功实施，关键在于自己是否能眼观六路、耳听八方。如能自心长警醒，拳弥六合、拳打八方，自然不是难事。

侧顾左右，左右恶敢当我哉

所谓侧顾左右，使左右无敢挡我，是说对手来攻击我，无论是攻击左侧还是右侧，只要我及时侧身，身体随势偏转，便能化解。由于我的偏转是顺随其势而又突然发生的，故对手无法挡住我由防守转攻击的拳势。

③ 而要非拘拘焉……不可一概而推

上述所论身法之高、低、纵、横、进、退、反、侧八法具体运用之常规，乃修炼时之常规，而在比武较技时，此八种身法常相互结合、相互演化，要顺其势、随其便而灵活实施，莫要拘泥一势一法。此言是对"练有固法，用无定法"的练用有别之理解。

④ 有忽高而忽低……即退亦实以助其进

与人比武较技，必先探察对手之强弱，针对不同的对手的不同手段，运用自身内在的攻防机制，演化出或纵或横、忽高忽低的身法，但总要随对手拳势攻防的变化而变化，意在人先，形随时机以变位，不可将修炼法的格式直接用于攻防较技中。因为拳无常形，拳无常势，同样的方法不可能对任何人都有效。"拳势不类"，这就是太极拳术攻防之道的独特之处。

故在较技中，时机适合进击时，就要毫无顾忌地进击，否则就会失去取胜的良机；形势适合退守时，就要及时地退守，因为及时的防守可为进击做好准备。这就是"是进之时机，固然必进；虽然退守，以蕴蓄着进击之势"的进退之法则。故拳谚云："进不知退，莽夫之所行；退不为进，懦夫之所为。""进而无隙知退，退而寻隙知进。"能做到此者，乃明进退之道也。

⑤若反身顾后……而左右不觉其为左右

身法起落、纵横、反侧的四面动转，是为了严防对手的明进偷袭。能达到顾其后而不觉其为后，顾左右而不觉其为左右的艺境，才是较技攻防功夫纯熟的征象。

⑥总之……则百骸莫不冥然而处矣

总之，对局势的观察了解是眼睛的事情；闻声辨位是耳朵的事情；接手问招、知情用势是触觉的事情；对局势进行控制是手脚的事情，而手脚的根本在身法。身者，一灵神、一内气、一外形，三者合一之称谓也。身体前进，手足不进亦得进；身体后退，手足不退也得退。"拳打脚踢下乘拳，功夫在身上"的说法，便是对上述论说的注解。拳法千年相传，虽时异境迁人有别，然法不变矣！

古人云："身正无令亦从，身不正有令不从。"传统拳术身法功夫运用正确与否，亦关乎自身拳势攻防之有效与无效。故修炼传统拳术攻防之道者，身法为首要大法。身法之用如此，则拳打八方实言身法之用尔。

步法第九

今夫四肢百骸，主于动，而实运以步。步者，乃一身之根基，运动之枢纽也！以故应战、对敌，皆本诸身，而所以为身之砥柱者也，莫非步！①随机应变，在于手；而所以为手之转移者，又在于步。②进退反侧，非步何以作鼓荡之机？抑扬伸缩，非步何以示变化之妙？③即谓"观察在眼，变化在心"，而转弯抹角，千变万化，不至窘迫者何？莫非步为之司命，而要非勉强可致之也。④

动作出于无心，鼓舞出于不觉，身欲动，而步以为之周旋；手将动，而步亦早为之催逼，不期然而已然，莫之驱而若驱，所谓"上欲动而下自随之者"，其斯之谓欤？⑤

且步分前后。有定位者，步也；无定位者，亦步也！如前步进，而后步亦随之，前后自有定位也；若前步作后步，后步作前步，更以前步作后步之前步，后步作前步之后步，前后亦自有定位矣。⑥

总之，拳以论势，而握其要者，步也。活与不活在于步；灵与不灵，亦在于步。步之为用大矣哉。⑦

题解

这是一篇专门论述步法修炼、致用的拳学文章。其中论述了步法在手法、身法、步法三法合一的功夫艺境中之作用；以及攻防中，动作出于无心，鼓舞出于不觉，身欲动而步以为之周旋的自动化艺境。但是，此须与具体步法歌诀同时观读，方有效益。录两首如下，以资对照。

1. 步法

> 边盘斜拗步最强，单鞭硬步怎提防。
> 须知玄步从之换，之字串步要紧忙。
> 梅花步法人稀少，锦绣挪钻上下量。
> 雀步颠跳走环转，多少玄机里面藏。
> 此是拳家真秘诀，学者授是为贤良。
> 外有坐马寒鸡步，鲤鱼散子亦堪详。

2. 步法指要

> 两膝微弯力自然，撑前仵后练成坚。
> 之从顺闪腾挪便，玄经斜出反回圈。
> 翻复旋风肩平硬，膝雄跟踮带钩臁。
> 跟落指悬神化用，轻浮坚固步中玄。

第一首歌诀中，列举了斜拗步、直进步、之字步、玄字步、梅花五步、雀步、颠步、纵横跳步、正偏坐马步、坐盘步、鸡步等十多种步法；第二首歌诀中，"两膝微弯力自然，撑前仵后练成坚"一句论述了步法中的"人字架"之精义。文章、歌诀，相得益彰，对习拳者理解步法之练用大有好处。

注解

① 今夫四肢百骸……莫非步

传统拳术比武较技的攻防变化，主要是进攻退守的相互转化。其进退运动之所以得以实施，在手法、身法、步法三法中，主要靠步法的运用。步法乃运用攻防机制功夫的根基，是双方拳法攻守进退、辗转反侧等运动的枢纽。拳势身法一立，就不能不讲步形；身法随拳势攻防的变化必定要移形变位，这就离不开步法的运用。

②随机应变……又在于步

临阵较技，虽靠的是身形手脚、神意气劲，而始终能使自身中正安舒、上下相随、活似车轮、随机应变、中土不离位者，是步形；能够运载自身施展纵、横、高、低、进、退、反、侧之身法者，是步法。进退反侧身法中以定用手、以重击中的实施，乃步法虚实变化的结果。

③进退反侧……非步何以示变化之妙

身形的屈伸、吞吐、俯仰等变化，靠步形调节转换，若非步法运用得当，则难以显示身法抑扬伸缩、攻防招法的变化运用之妙。

④即谓"观察在眼，变化在心"……而要非勉强可致之也

所以说，观敌料阵、审时度势在于眼明；随机应变在于心机敏捷；身法之所以能千变万化，始终保持攻防动静变化的主动权，关键在于步法。从这一点来看，难道不是步法主宰着胜败吗？

但是，步法与身法、手法的相互配合，并不是简单的机械式组合，或刻意追求的结果，而是经过"内清虚而外脱换"的一系列内外功法修炼，使自身内在的攻防机制不断得到完善，最终达到的随感而应的制胜效果。

⑤动作出于无心……其斯之谓欤

步法的变换运用大都出于无心，移形换位驱动自身以重击中，或以定用手之势，这种变化是不自觉的，身体想动时，步法

已做好了动势的铺垫；拳招未出时，步法早已为身法做好了出招的准备。前贤所说的"上欲动而下自随之"就是这种艺境，即心动意法，形必随之。

⑥ 且步分前后……前后亦自有定位矣

拳手一站，双脚自然就分出前脚和后脚，前脚为前步，后脚为后步；只要前后迈步走动，腿脚就会有前、后的位置变动。如前步向前进，后步随之前进还为后步；后步向后退，前步随之拉回仍为前步，即步有定位；若以前步倒作后步，后步迈出为前；或后步倒作前步之前，前步作后步之后，则前后亦自然无定位矣。不管有定位、无定位，皆为步形、步式、步法。各种步形、步式、步法都要精熟。

⑦ 总之，拳以论势……步之为用大矣哉

总的来说，拳虽以势而论，但在传统拳术的修炼和应用中，步法的运用是一项极为关键的内容。传统拳术中，攻防较技动作灵活与否在于步，接招用手反应敏捷与否也在于步，较技胜负与否的重要因素也在于步。

传统拳术攻防之道的手法、身法、步法三项内容，第一步皆以独立修炼为法、为主，第二步乃综合修炼，以至运用，自然上有手法变化之攻防，中有身法变化之调整，下有步法变化之根基。如果没有步法之良好运用，上两项都要落空。拳谚所云"手是两扇门，全凭腿赢人"，即为论说步法之重要。

刚柔第十

夫拳术之为用，气与势而已矣！① 然而气有强弱，势分刚柔。② 气强者取乎势之刚，气弱者取乎势之柔。③ 刚者以千钧之力而扼百钧，柔者以百钧之力而破千钧。④ 尚力尚巧，刚柔之所以分也！⑤

然刚柔既分，而（柔势拳法）发用亦自有别。⑥四肢发动，气行诸外而内持静重，刚势也；气屯于内而外显轻和，柔势也。⑦用刚不可无柔，无柔则环绕不速；用柔不可无刚，无刚则催逼不捷。⑧刚柔相济，则黏、游、连、随、腾、闪、折、空、掤、挒、挤、捺，无不得其自然矣！刚柔不可偏用，用武岂可忽耶！⑨

题解

此文乃陈家沟独有之论拳文章，为拳术大家之手笔。此文从刚柔角度立论，较全面地阐明了太极拳术攻防之道中的尚力派、尚巧派两种攻防功夫艺境的区别，是修炼太极拳术攻防之道至大成艺境的重要经文之一。此文言简而意深，不单初习拳者不易明知，就是修炼太极拳术攻防之道多年的人，不深刻研究拳术理法，亦不能通晓其精髓之处。故笔者从多方面来进行阐述，以求通解。

注解

① 夫拳术之为用，气与势而已矣

此言太极拳术攻防之道，运用的是内气与势。势者，拳势也，拳势由内气势、外形势所组成。在太极拳术中，势与机相互为用时，称"机势"。然另有"机从时论，势从空说"之论。由此可知，此处所言之"势"，乃指外形体之动态。这句话就是说太极拳术攻防之道，所用的就是内气、外形匹配合一而产生的拳势。

② 然而气有强弱，势分刚柔

以《易经》学说而论，内气从乾，健运不息，秉阳刚之性（乃言内气之性"刚"，是针对外形体之质柔而言的）；外形从坤，静而不躁，柔和顺从，具阴之德（乃言外形之质"柔"，是针对内气之性刚而言的）。这是内气、外形的本来性质之刚柔说，是一切拳术刚柔说的根本。

这样，攻防拳势就有内气的强与弱、外形的刚与柔之区别了。《易经》有言："天以阴阳分，地以刚柔论。"天地合德，便有阴柔、阳刚的分别，而太极拳术中，内气和外形相互为用，就是阳气之刚与阴形之柔的结合，因相互为用之方式不同而产生的拳势，可分为刚势拳法和柔势拳法两种不同的风格。

③气强者取乎势之刚，气弱者取乎势之柔

此语论述的是刚势和柔势两种不同风格拳法的区别。用内气强化聚筋劲骨力而凝形者，为刚势拳法；用内气运使外形柔弱无骨者，为柔势拳法。此两种攻防拳势，因内气和外形结合的方式不同，而效果不同。这两种拳法，一是以形为制，尚血气用横力，神从则害的外家拳法；一是以神为主，尚中气用精意，形从则利的内家拳法。

④刚者以千钧之力而扼百钧，柔者以百钧之力而破千钧

凡内气强化聚筋劲骨力而凝形的刚势拳法，就是外家拳法，必然是以僵硬碰僵硬的方式行招用手，结果只能以千钧之力遏制百钧之力。此是以大力打小力的功夫，是浪费能量、用心耗精的方法。凡内气运使外形柔弱无骨的柔势拳法，就是内家拳法，必然是以柔软接对手之坚刚，以顺随为法，让力头打力尾的行招用手，结果能以百钧之力而破解对手的千钧之力。此是以小力打大力的功夫，是节约能量、纯粹自然的方法。内气、外形匹配合一，相互为用，立法不同，攻防功夫艺境及其效果自然就会不同。

⑤尚力尚巧，刚柔之所以分也

上文已经论述明白，刚势之尚力的外家拳法、拳术攻防功夫，柔势之尚巧的内家拳法、拳术攻防功夫之区别，是从用刚、用柔之不同的角度立论，分辨清楚的。

⑥然刚柔既分，而（柔势拳法）发用亦自有别

上文已将刚势尚力的外家拳法和柔势尚巧的内家拳法这两种不同的拳势之功夫艺境、施招用手较技的方法、准则及技击效果，分别论述得明明白白，故而此处不取刚势尚力的外家拳法，只论柔势尚巧的内家拳法。

虽然是柔势尚巧的内家拳法，但其亦因内气、外形匹配合一而用的具体方法不同，而有发用拳势的刚柔之分别。

⑦四肢发动……柔势也

此言之内、外，乃"内炼一口气，外炼筋骨皮"之内、外也。手足四肢发动拳势之攻防，内气运行于筋骨皮处，非聚筋劲骨力并凝形而以内持静重为法，故为拳法之刚势也；手足四肢虽然发动攻防之势，但气皆屯于骨中，筋骨皮之形态显示轻灵平和之象，即为拳法之柔势也。由此论可知，所谓柔势尚巧的内家拳法中的刚、柔拳势之分别，除内气本性为刚、外形本质为柔之外，在发动攻防拳势时，还有内气在始终松静柔顺的外形体中聚而集中和散而不聚之分。其中，内气聚而集中者为刚势，多用于落点之时；内气散而不聚者为柔势，多用于行气之时。故前人有"柔行气，刚落点"的说法。知晓内气在松静虚空的外形中"聚散"之方式，便分清了柔势内家拳法中刚柔发用之区别。如此精妙之论述、精辟之见解，不是拳术之大家，难于得此。

⑧用刚不可无柔……无刚则催逼不捷

在柔势的内家拳法中，阳刚之内劲具有接人拳势之功，用阳

刚之"五阳"的内劲承接人的拳势，不能没有柔弱无骨的半之形体的柔曲走化相配合，否则会使环绕曲化对手的攻击之势不能迅速完成，而被对手拳势所制；运用柔弱无骨的外形之半，取直线运行攻击对手，不能没有阳刚的"五阳"之内劲为之配合。如果没有"五阳"之内劲的催迫，尽管柔弱无骨的外形具有占位之能，亦不能迅速敏捷地"站其位，拔其根"而一战告捷。此即为内家拳法曲化直发之真谛。

⑨ 刚柔相济……用武岂可忽耶

修炼太极功夫，能达到柔化刚发、以柔用刚、刚柔相济之艺境时，则攻防时所运用的沾连黏随、内劲腾挪，外形的闪展趋避，大身法的伸缩、吞吐、折叠，皆能使对手的招法、劲势落空，且掤、捋、挤、按、採、挒、肘、靠诸法无不运用得自然而然。此即"人不知我，我独知人"的神拳神明功夫之艺境矣！

阳刚之内劲，阴柔之外形，在拳势中不仅有"主从"之别，而且各有其"刚柔"之用，只有顺其性质而刚柔互济，才可见内劲、外形在拳势中的功能作用。明此，便可艺达上乘。

故而，阳刚之内气，阴柔之外形，各有其功能。本着"意气君来骨肉臣"的法则宗旨，在拳术修炼中不可偏倚偏用。修炼太极拳术，或者将之用于比武较技的人，万不可忽视这个问题。

用武要言

《要诀》云：捶自心出，拳随意发。总要知己知彼，随机应变。①

心气一发，四肢皆动。足起有地，动转有位。或黏而游，或连而随；或腾而闪，或折而空；或掤而捋，或挤而捺。拳打五尺以内，三尺以外；远不发肘，近不发手。无论前后左右，一步一捶。遇敌以得人为准，以不见形为妙！②

拳术如战术，击其无备，袭其不意；乘击而袭，乘袭而击。虚而实之，实而虚之；避实击虚，取本求末。出遇众围，如生龙活虎之状；逢击单敌，似巨炮直轰之势。③

上、中、下一气把定，身、手、步规矩绳束。手不向空起，亦不向空落，精敏神巧全在活。④

古人云：能去能就，能刚能柔，能进能退。不动如山岳，难知如阴阳；无穷如天地，充实如太仓；浩渺如四海，炫曜如三光。察来势之机会，揣敌人之短长。静以待动，动以处静，然后可以言拳术也！⑤

《要诀》云：借法容易上法难，还是上法最为先。⑥

《战斗篇》云：击手勇猛，不当击梢，迎面取中堂；抢上抢下势如虎，类似鹰鹞下鸡场。翻江泼海不须忙，丹凤朝阳最为强；云背日月天交地，武艺相争见短长。⑦

《要诀》云：发步进入须进身，身手齐到是为真。法中有诀从何取？解开其理妙如神。⑧

古有闪、进、打、顾之法。何为闪？何为进？进即闪，闪即进，不必远求！何为打？何为顾？顾即打，打即顾，发手便是！⑨

古人云：心如火药拳如弹，灵机一动鸟难逃；身似弓弦手似箭，弦响鸟落显神奇。⑩ 起手如闪电，电闪不及合眸；击敌如迅雷，雷发不及掩耳。⑪ 左过右来，右过左来。手从心内发，落向前面落。力从足上起，足起犹火作。⑫

上左须进右，上右须进左。发步时，足跟先着地，十趾要抓地。步要稳当，身要庄重。去时撒手，着人成拳。上下气要均停，出入以身为主宰；不贪不歉，不即不离。拳由心发，以身摧手，一肢动百骸皆随。一屈统身皆屈，一伸统身皆伸；伸要伸得尽，屈要屈得紧。如卷炮卷得紧，崩得有力。⑬

《战斗篇》云：不拘提打、按打、击打、冲打、膊打、肘打、胯打、腿打、头打、手打、高打、低打、顺打、横打、进步打、退步打、截气打、借气打，以及上下百般打法，总要一气相贯。⑭

"出身先占巧地"，是为战斗要诀。骨节要对，不对则无力；手把要灵，不灵则生变。发手要快，不快则迟误；打手要狠，不狠则不济。脚手要活，不活则担（但）险；存心要精，不精则受愚。⑮

发身要鹰扬勇猛，泼辣胆大，机智连环，勿畏惧迟疑。如关临白马，赵临长坂。神威凛凛，波开浪裂。静如山岳，动如雷发。⑯

《要诀》云：人之来势，务要审察。足踢头前，拳打膊下。侧身进步，伏身起发。足来提膝，拳来肘拨。顺来横击，横来捧压；左来右接，右来左迎。远便上手，近便用肘；远便足起，近便加膝。⑰

拳打上风，审顾地形。手要急，足要轻，察势如猫行。心要整，目要清，身手齐到始为真。手到身不到，击敌不得妙；手到身亦到，破敌如催草。⑱

《战斗篇》云：善击者，先看部位，后下手势。上打咽喉下打阴，左右两肋并中心。前打一丈不为远，近打只在一寸间。⑲

《要诀》云：操演时，面前如有人；对敌时，有人如无人。面前手来不见手，胸前肘来不见肘。手起足要落，足落手要起。⑳

心要占先，意要胜人。身要攻人，步要过人。头须仰起，胸须现起；腰须竖起，丹田须运起。自顶至足，一气相贯。㉑

《战斗篇》云：胆战心寒者，必（比）不能取胜；不察形势者，必不能防人。㉒

先动者为师，后动者为弟。能教一思进，莫教一思退，胆欲大而心欲小。"运用之妙，存乎一心"而已！㉓一理运乎二气，行乎三节，现乎四梢，统乎五行。时时操演，朝朝运化；始而勉强，久而自然！拳术之道学，终于此而已矣！㉔

题解

此篇《用武要言》，乃心意拳门的《心意拳论》和《交手法》两篇文章的内容经过删改润色加工而成，自有其独特的风格。故而只有将《用武要言》与《心意拳论》《交手法》两篇文章相互参照阅读，才能体会出各自所论的妙处之所在。

注解

①《要诀》云：捶自心出……随机应变

此诀出于《心意拳诀》，是说总要做到知彼知己，方能随机应变，自然而然。

②心气一发……以不见形为妙

心气，乃指自己的法身道体，即"以天心为主，以元神为用"的道心。

不管是自己修炼攻防功夫，还是与对手比武较技，心机一动，中气内发，头、身、手、足四体皆按序同时起动，足之起落有一定的地点，膝起多高有一定的尺数，身法的动转有一定的方位，两手臂膊攻防一齐运动，但两手臂膊要与胯膝足上下、前后、左右的方向相一致，即上下相随，足起手落，手起足落，方合法度。此就是"合膊望胯"的精义。只要拳势之形一现，攻手必要三尖相照，即鼻尖、手尖、足尖上下三点一线，拳势静式、动式以及变化的始终，都要做到三尖相照，如此才是形正气顺的法式，才能够保证整劲周身一家之攻防艺境。不管是拳法的黏游、连随、腾挪、闪展，折叠法的落空、起落钻翻，还是身法的起落、纵横之攻防进退变化，或掤或捋，或挤或按，都要时时处处做到心与意合、意与气合、气与力合的内三合，以及手与足合、肘与膝合、胯与肩合的外三合，同时还要做到手心、足心、本心之三心与头、身、手、足之四体一气而内外相合，这样才能发挥自身应变机制的功能，才能在攻防运动中全身上下、左右、内外、前后同时作用，头、身、手、足相互协调配合。这就是三心四体合一气的精义。

一旦动手较技，拳势的威力在五尺（1尺≈33.3厘米）以内、三尺以外皆可以有制胜的效果。当然，这只有在疾步、垫步、纵步运用得当时方能奏效。基本法则是距离远不发肘，距离近不发手而用肘、靠法胜之。古谚所云"远身用手，近身用肘"就是此理。但不论对手在自身前后左右哪个方位，一步一捶都是最好的

陈氏太极老谱讲义

打法。虽有一步三捶的说法，但那只是不能一捶奏效时的补救之法。发招用手妙不妙以能不能击得人、打得犯为准则，而出手不见形更是妙手。因为若出手被人见着，必有被人防招破解之弊病。故谚云："手见手，必定有；出手不见手，神仙都难走。"此皆是阐明出手不见形之艺境的。发手能打犯奏效，对手又不知如何被打，真可谓妙手妙哉！

③拳术如战术……似巨炮直轰之势

太极拳术之攻防变化，如同兵家战术之变化，敌变我变。如能做到吴殳所言"我无所能，以敌为体，如水扬波，似火作焰"，就能出乎敌人意料，攻其无所准备之所在，乘势袭击其枢机大本，严厉打击其有生力量。做势之时，要有虚有实，所谓惊法者虚也，所谓取法者实也，或似虚惊而实取，或似实取而虚惊。上述之攻防法则，都是贯彻避实击虚、取本求末之无为法式。如遇众围欲出之，拳势须如龙灵变，用力不见力而山莫能阻；似虎快利，出爪不见爪而物不能逃。拳出如矢，迅雷不及掩耳；神形一片，来无影，去无踪，一阵清风倏忽。如逢单敌，拳势似巨炮直轰崩炸之势，何能不胜！

④上、中、下一气把定……精敏神巧全在活

浑身上、中、下三节要由一气把定，手法、身法、步法三法要合一而用，处处合规矩，就像身内有一条绳索约束着一样，全身没有牵扯吊挂之处，没有游形离位之所。故而，拳以得人为准，手不向空处起，捶不向空处落，自然是实实在在的起也打人、落也打人。起打好似龙卷风，对手好似飞蝶跌出；落打犹如震地雷，对手如墙倒塌跌翻在地。精神敏捷，招法巧妙，全在于攻防机制灵活多变，正所谓：虚实之用，妙存乎人，全在一"活"字。顺随其变化而用招法，不活焉能做到？形体应当似水流，就是具备灵动艺境时，"活"字的写照，也是自身太和一气贯通的状态。

⑤古人云：能去能就……然后可以言拳术也

古人论为将之道时说：与人交战，当能进得去贴身靠打，亦能闪得开立于不败；能柔和化解对方的攻势，亦能坚刚攻击发得人出。能进，进为人所不及知；能退，退亦人所莫名速。能弱，毫不主宰对方；能强，对手无不被我所主宰。不动则势静若山岳，敛神光，蓄其锐，返璞归真，对手不知我之动静虚实为何，揣度我就像欲知天气阴阳变化一样费解。谁知我却蕴藏着像天地一样的无穷变化呢？内气擎举全身，就像充满了粮食的大仓；胸怀平静，犹如四海之浩渺无垠。眼亮，能洞观局势变化之微妙势态；心明，能察对手之拳势优劣；神明，能知对手之所欲为。眼、心、神皆明，则犹如天上日、月、星三光照亮世界一样，能察知对手来势之时、之路、之位；能揣测对手的短处、特长，自能针对性地制定扬己之长、避己之短的战略方针以胜敌。双方交手较技，执静以观其变，以待对手之动。待其出招用手一动，我便上手用招顺其势、随其向、击其背以发之，不给对手变招换势之时机，此乃接人之招势时"上手"的方法，是上法的法则。若对手借机变招换势，我身虽动，但要神清气静，与其变招拆手周旋，要顺其势、随其变、借其力而发以胜之。明白了这些内容，就可以讨论太极拳术攻防之道的修炼、建体、致用，及攻防功夫艺境升华等更为精妙细致的内容了。

⑥《要诀》云：借法容易……还是上法最为先

一般来讲，双方动手较技时，借力法是容易把握且容易运用的技术；但是，初交手打照面时，对方一出手用招，自己便能施招顺势借力将人发出以胜之，是比较难于掌握的技术，也是难于把握好时机的技巧功夫。前贤由此得出"借法容易上法难，还是上法最为先"的结论。

⑦《战斗篇》云：击手勇猛……武艺相争见短长

攻击手法要求勇猛，不仅要击打对方的梢节，更要迎面直取对方的中堂位置。丹凤朝阳起手法的系列打法，如上打插花盖顶，下打古树盘根，中打腰斩石人；捋手打鼻梁，起手取印堂；黑虎掏心迎面肘，双手分开奔身靠等，皆是直捣对方中庭部位的有力打法。攻防招法的动作乃是见境生情而出，该紧凑时就紧凑，就像鹞子束翅钻入林间扑捉小鸟一样；该开展时就开展，就像老鹰捉小鸡一样。发欲冲冠、舌抵前齿、齿欲断筋、甲欲透骨的四梢齐聚，神充气足地硬打硬进没遮拦，方可成胜势。但是，要达到制胜的目的，还需要手脚配合得好，又谓天地盘交合得好。其中最重要的一点是双手放置胸前，长短手臂护住自己的中心（又名中门，亦名中线）。时空计算要周密，谋略要精详，上法、借法施招用手要运化灵通，精神要充沛，斗志要旺盛，心要冷静，铁面无私，手要稳而准，发势要干脆，这样才具备战胜对手的机势，才有胜人之功夫艺境。

⑧《要诀》云：发步进入……解开其理妙如神

拳术要诀说：进身先进步，步到就赢人。步法所进的路数、方位，是手法开寸离尺的根基。既已起手开寸离尺，则连手劈面就打，先封对手的眼，让对手不可能战胜自己。进击上步时靠近目标的脚先进，或套，左有狸猫扑鼠连八下，右有迎门三不过；或插，上有插花盖顶、扑面掌，中有腰斩石人的研手、钻心捶，下有进步指裆捶、撩阴手。不管是套步还是插步，其进入之法，都要先进身，手脚齐到力增加，发人才能干脆，这是贴身靠打、进身发人用招的真传。

然而，发人的技术方法，尚有不传之秘，这就是：上打背发劲法，下打尾发劲法，中打鲤鱼打挺发劲法，双足虚实变换的全身发劲法。上打背发劲，脊如脱钩之势；下打尾发劲，就是俗称的"千斤坠"法式；鲤鱼打挺发劲，就是后胯托前胯的逼胯以坚膝的法式。全身发劲法分正、侧两种法式：正身法，就是"前足夺后足，后足站前踪。前后一直线，五行主力攻"；侧身法，就是"打人如亲嘴，手到身要拥。左右一面站，单臂克双雄"。全身正、侧发劲法，即轨迹拳学之"后趋逆行"法；大成拳将之命名为"刹车力"法。

然而，上述四种发劲放人的方法，只有步到位时才能有效。实际上，所谓的"刹车力""后趋逆行"，就是步的用法。"步如陆地行舟，虚似舵，实如篙，胯从退，一止为正"，便是"力由足起"发劲放人的方法。能够明白上述四种发劲放人的方法，并精熟之，在攻防较技中就能有其意妙如神的效果。但是，这些方法只有落实在具体的攻防招法中，才可见攻防功夫艺境的神奇妙用。

⑨古有闪、进、打、顾之法……发手便是

自古即有闪、进、打、顾之攻防之法。什么是闪法？什么是进法？闪与进本是一法中的两面，同时存在于自身中。闪是进的根基，进是闪的直接目的。闪法、进法是自己一身两法的施用运使，动手较技就在自身闪法，求得进身之机。闪即进，进即闪，只有自身形用半、劲用对五、中土不离位，才能运使得出来。当然，尚有吞吐、伸缩、拧转等诸法之运用。

什么是顾法？什么是打法？顾，就是照顾到易受侵犯的部位，如眼前、手前、脚前，这三处若被对手侵犯，自己就处于被击的危险处境；而想要照顾好自己不被侵犯，最好的方法就是有力地打，用打法给对手以重创。所以说，顾就是打，打就是顾，发手便是，何必他求呢？顾与打是统一的，只有给来犯者以重击，才能更好地保护自己。

⑩古人云：心如火药拳如弹……弦响鸟落显神奇

上面从闪进、顾打两个方面分析了"化打合一"的施招用手、施手用招的基本法则。化打合一如何实现呢？必须是心机一发，气如火药，出拳如弹，疾射对手。身似弓弦，崩手似箭，直射而出，犹如箭射飞鸟一般，弦响鸟落，发必中的。

⑪起手如闪电……雷发不及掩耳

起手如闪电，发之对手不及合眼；放人如迅雷，发之对手不及掩耳，强调了周身一家的整体动作要协调迅速。但是不要忘记，让力头打力尾，运用顺随之法，才是真功夫。

⑫左过右来……足起犹火作

左手发招过后，右手来击；右手发招过后，左手来击。左右手的出击必须手从心内发，捶向鼻前落，但力是从足蹬起而来的。这就是"劲从足起，传于腿，主宰于腰，升腾于胁，运化于胸，发于背，过肩、肘，达于手指"的整体发劲方法之出处吧！发拳必须有步法为助才有威势，故起脚要快，也要突然。起脚之疾，好像踩到炭火惊起一般，又像火焰一般轻灵疾迅，如此拳岂有不快之理？此乃后人说的"溅步"之艺境。

⑬上左须进右……崩得有力

双方交手较技，如何占位相当讲究。对手右步在前，我就左步在前，就近而进；对手左步在前，我就右步在前，就近而进。发步时足跟先着地，继以足十趾抓地；发招放人时，后驱动而内劲逆行，便能奏效。步法在整个运使过程中，松沉而又轻灵。保持身体上虚下实的不倒翁之态势，守住虚中，身要庄重。

去时撒着手，乃是保留变化的方法。对方没有防护，成拳便打；对方如有防护，可随时随处顺其势转动头手而打之，可转为提、压、搬、拦等防守手法，以利于另一手的攻击。掌善于变化，灵活性优于拳头；但拳头亦有自身特点，即在着身之瞬间聚气坚刚而势厚。拳头的威猛，是掌指所不及的；然掌的灵活善变，拳又不可比及；而手指的轻灵、巧妙、神速，又是拳、掌皆不可比及的，如功夫已就，手指戳打之威力足可使对手立败，如抹眉红手法。由此可知，对传统拳法中的拳法、掌法、指法，都应当精熟之，这样方可于运用时信手拈来，而又有制胜之奇妙效果。

运用一步一捶的连续攻击方法，保证上下相随，四体的一举一动能按序随之以助势，乃得手发人致远的诀窍。前面已经论述过的背发劲、落势尾发劲、外胯鲤鱼打挺发劲、正侧双足虚实变化的一止为正全身发劲法，皆是发劲放人的绝妙方法。一收束全身皆能收束，一伸展全身皆能伸展；伸展就要伸展得到位，收束就要收束得根固。收束如卷鞭炮，自身形体卷得紧，内劲展放才能有力度。

⑭《战斗篇》云：不拘提打……总要一气相贯

内气外形束展的方法，又曰"趋避法"，适用于所有具体的攻防招法。提打、按打、击打、冲打、旋打、斩打、锛打、肩打、膊打、肘打、胯打、腿打、头打、手打、掌打、高打、低打、顺打、横打、进步打、退步打、横步打、截气打、借力打，以及上下左右前后百般打法，都适用趋避法。但是，不论如何束展，总要一气相随，这才是诀窍。

⑮"出身先占巧地"……不精则受愚

出手先占对手之正门，即抢中门，就是"占巧地"，拳谚"脚踏中门，就是神仙亦难防"，说的就是先占正门巧地的好处。

全身的骨节要对（骨节不对则拳势易断），既要有柔弱无骨、一气节节贯串的九曲珠功夫，以保证攻防拳势变化轻灵、活便圆通的柔行气，又要具备"接骨斗榫"，即发手时形架的整劲效果，以保证发劲时刚落点的效用。此柔行气、刚落点，都需要骨节相对。但是，柔行气，是利用骨节相对的连续性，保证变化内无滞碍；刚落点，是利用骨节相对的整体性，保证捶捶沉实。有骨力的击打，即整劲、劲整的效果。

手把灵活机动，不攘人之力，才能有得人之准而又不见其形；不灵则攻防手法变化滞呆、笨拙而生变故。发手灵便能疾快而出之，但要适时即动才见妙用，该打不打，稍一迟慢则误失良机。举手应活如灵蛇，善变不拘，一旦不灵活，即可被对手有所乘而面临失败的风险。心中要有机谋而又果断，不如此则出拳发招不准确，易落空处。手脚灵活、上下相随，才是攻防动作迅速敏捷的根基。出手用招时心要精细，要明白对手攻防变化的各种可能及相应的防守反击的方法，做好还击的准备，如果存心不精细，一旦贸然用手施招，便会被对手灵活变化的妙招巧手所愚弄而落败。出手之精，表现在攻击时换身发劲，对方不易化解。如出手带力而发，则对手拆变后可以利用；如果出手用招不用力，换身即发，则即便对手防守拆变，我亦可随其变化，再用招法攻之，自可拳势攻击连连不断。此为存心精细之运用。故打手前出，后手要跟随相护，这是预防对手拆变而我能保留变化的方法。如果前手独军深入击打对手，后手不跟随相护，则两手不能攻防相济，容易失败。故前贤总结出"存心要精，不精则受愚""打手要狠，不狠则不济"之论。而此诀中言"狠"者，其意真也。

⑯ 发身要鹰扬勇猛……动如雷发

发动身法展开攻势，要像雄鹰一样勇猛，还要泼辣胆大；施招用手、施手用招更要机智连环，没有畏惧的心态、迟疑的动作，当机立断。就像三国时期的关云长解白马之围，赵子龙大战长坂坡，于万马千军中如入无人之境，充分地展示凛凛不可侵犯的神威善武精神，所到之处，群敌波开浪裂，溃不成军。

⑰《要诀》云：人之来势……近便加膝

人之来势，详细审察，来脉听真，脚踢头前，拳打膊下，肩靠胯打，宜侧身进步，合身齐进；或伏身而蓄，或起身而发。对方足来踢击，自可提膝破解；拳来攻打，可实施转肘拨打化解。顺来直拳，实施里外横裹手可以破解。如果横拳来攻，势高者可以托打破解，势低者可以压打破解。

不动如书生清静自在，行招用手似龙腾虎跃，就是攻防拳势动静的法则。而用招时，远不发手打，打上也无效果，反而容易被对手利用，乘势而发招用手，于己不利。双手长短护心旁，对方右手向我左侧击来，我左手起而应之，对方左手向我右侧击来，我右手起而应之，为快捷的取势用法。当对手已至身前，远了就上手击打，近了便用肘法击之；腿法亦如是，远了起脚踢，近了提膝击。如果是对手贴身，则上有肩靠抖摔，下有胯靠崩炸。拳之较技，远近招法之用宜全知而精熟，方为明"全体大用"之方法。

⑱拳打上风……破敌如催草

巧取对手，须要审视地形，为我所用，为对手设置陷阱。如我在上风势头，对手在下风势头，则我高彼低，我易守易攻，对手难守难攻。除了要利用好地形，手还要疾如风，足还要轻灵敏捷，步如猫之行走。心放得正，则心机灵敏，自然能先知内外一切变化；眼聚精会神，则眼精明，自然能洞察对手拳势之短长，揣摩其动作的意图；再加之手足齐到的用招身法，肯定就能战胜对手了。若是手到脚不到，自身游移抽扯，牵制吊挂，形势必然散乱，就是击中对手也没有效果，这是因为没有得到发人的真传妙法。手到脚也到，打人便如拔草一样容易，故有"落步成招"的说法，八卦掌的"打人全凭步来转，站住便是落地花"，说的也是手脚齐到。

⑲《战斗篇》云：善击者……近打只在一寸间

善于攻防较技者，施招用手、施手用招必定有落点，"上打咽喉下打阴、左右两胁并当心、脑后一掌夺真魂"，咽喉、阴部、两胁、心、脑后都是夺命打法之落点位置，进击必取之地。知所击之位，前打一丈不为远，因有横直纵步可助发拳之威势，距离全凭步法齐，其理也在此；近打只在一寸间，因有贴身靠打、腹胁靠打，则距离也就不为近。

⑳《要诀》云：操演时……足落手要起

要想达到上述各种攻防招法运用之精妙艺境，须如拳诀所言：平时操练时，要如面前无人似有人的空操空练，意想自身内攻外防机制的建立及如何正确运作，思考各种攻防招法如何运用，体悟自身攻防机制及各种招法攻防变化之方法、准则、规矩、规律，熟之则技艺必精，然后功有所成。在与人交手较技时，才能够达到面前有人似无人之艺境，不为对手的身体形态、精神气势所动，自能左右逢源，有隙而进击，无隙则自退，势如行云流水，进为人所不及知，退亦人所莫名速，能胜而不武。正所谓"成竹在胸"者也！"练时面前无人似有人，用时面前有人似无人"这两句诀言，流传之广，影响之深，难所言及，而真能道出其中玄机者，凤毛麟角！

在实战较技时，起前手发人必要后手紧催，起前脚进步必要后脚紧跟而进，打人长身之势就在此中产生。面前对方来手，不见其手，自己一手或拦或压，或搂或採，另一手则照对方要害发手；胸前对方来肘，同样如法炮制，则对手无不迎击而落败。这就是以定用手的法式。同时，自己行招用手攻防变化，可使对方不可见之，胸前藏肘、用肘，亦令对方不可见之。拳谚"拳打两不知"，就是言说此用招法则和艺境的。

太极拳术出手用招，讲求连而不断，活似车轮，拳势如风行，起落似浪翻，着人如火作焰。所谓"手起足要落，足起手要落"，就是后人总结的"上下相随，不可空谈"。左手起为虚，左足落为实，乃上手动而下足随之，配合右手落为实，右足起为虚，合为"形"的手足四象之虚实协调。左手落为实，左足起为虚，是下足动而上手随之，配合右手起为虚，右足落为实，亦是手足上下相随的四象变化法则。这就是两仪之攻防的用法招数，其必根于四象变化的法则而出之。为什么只言手起足落、足落手起，而不说手落足起、足起手落呢？因为《交手法》所论，皆是实手发招的发劲放人之法，至于化解的方法，则蕴含其中而又在口传身授中论明，故文字中只论攻手法之用而已。

㉑心要占先……一气相贯

在较技时，心要占先机，并先知、先行，蓄势带变，此乃立于不败之地而胜人的先决条件。意要胜人，是说交手较技不能气馁，因为胜人之制，关键在于气势旺盛，这是前贤早已定论的，即"两军相遇勇者胜""积气则神威势猛"。拳打脚踢下乘拳，是说单纯的拳脚相加，势单力薄。如果拳打脚踢齐相加是在身攻的状态下完成的，便是周身一家的功夫之体现，乃真攻防功夫也！步载身手而进，凡以定用手、以重击中之诸法的实施，一定是步要过人的，如此才能有"站其位，拔其根"的催人立跌之效用，而自己由于有"过人之步"法为保护，可不自失。此法微妙，能用与不能用，艺境高低即分；效与不效，施出胜败立见。由此可知，拳之发，与心、意、身、步的全体动静变化顺序及全体到位是分不开的，论说时文字连篇，运用时一瞬而过。修炼传统拳术攻防之道者，能于此四法中明之，则攻防艺境升华指日可待矣！

前腿似跪，后腿似添，乃描述弓箭步法，即前脚微内横，膝踝垂直，后脚与前脚平行，后足跟蹬劲，后腿劲意崩直。首要顶起，即收颌，百会顶起，莫要低头，因为低头则神塌身懒而涣散；胸要现起，即胸部自然舒展，以利内气，如腰屈背驼凹胸，身必不直，下盘弓箭步没有着落。若将"胸要现起"理解为挺胸则就不对了。挺胸必气结在胸腔前部，动转不方便、不灵活，久之必努胸结气，气不能入丹田而身浮无根。腰要长起，腰下，松沉下泛；腰上，拔背而起；腰竖直，腰助攻手，则气可催手！因为腰为一身上下动转变化之枢纽，长腰，则上下一气贯通。长起，非硬挺。"丹田须运起"一句，将前后文一气贯串。形架以舒展松静为主，如此则有利于气沉丹田，又利于丹田之气贯通全身。形架站好后，还要一气相贯通，即"精神贯注于空隙之骨节间"。

㉒《战斗篇》云：胆战心寒者……必不能防人

自古有论："两军相遇勇者胜。"习拳较技，胆颤心寒者如何能取胜呢？此乃不战自败。习武练拳，胆壮包身，心细如发，无所畏惧，勇往直前，此乃精神不衰之相。惟此，似嫌不足，还要能战，技艺精熟；还要善战，察言观色，能审敌料事如神。口吐狂言，言过其实者，必是外强中干之人；色厉声嚎，眉蹙而面严者，必是暴戾之人，出手用招必然心狠手恶；身形魁梧者，必是仗力势猛之人；外形朴实，神态安详，动作敏捷，丹田气足，语言不卑不亢者，乃身怀绝技之人。凡此种种，不一而足。与人较技，能察言观色，先识人者，必于动手较技之中防人在先，其之所以不败，因其善知人矣！谁说习拳练艺只是打拳而已？前贤有言："拳术体万物而不遗。"

㉓先动者为师……"运用之妙，存乎一心"而已

太极拳术攻防较技，有先动手和后动手之分别。能先动手者，成竹在胸，起手上步攻敌必救之所，对手还招用势，顺随敌势以击之，敌必败；或上手攻敌要害之所，不容对手变势还招，迎击而使之败。此乃久经较技杀场之上等攻防技艺。上手进步一击必中，神手矣！后动者，待对手出招用手，顺其势上手用招一击而能胜对手者，亦为上等攻防手法艺境之人。然而先动与后动两者比较而言，先动者为师父，后动者为弟子，两者之艺境高低，前贤早有明论。然要说明的是：先动而上手进步用招，并非生打硬要，亦以顺随用招为法则。因其技高一筹，善于察言观色，未动之前，料及对手之弊病在于何处，出手用招迅雷不及掩耳，动于无形如风行之势，一击不中，二击疾出，必是顺势随机而发，哪有不中之理？此先动之法，也是贯彻"要想伤人，必定借人力"的法则而行之。此上法之先动、借法之后动与前面所论"静以待动，有上法；动中处静，有借法"，是从不同角度分别论述上法、借法、先动、后动之用。如以先动的上手法、后动的上手法来论述，静以待动，乃后动的上手法，那先动的上手法，就是后文强调的用手先动的方法。此先动的上拉法也是借对手之势而用招的。前面说的"借法容易上法难，还是上法最为先"，乃言静以待动的上法是后动的上法。而此文说的是防人先动之机势，也是对手已露动势迹象而出之，故此，"先动为师"的说法，也含"静以待动有上法"的艺境在内。一句话概括，即意在人先。能意在人先者，是为先动；不能意在人先者，是为后动。故先动

者为师，后动者为弟，此言不谬！

动手较技，能进者易胜，能退者不败！前贤之明论也。后人对于进退已有口诀："进半步赢人，退半步不输。"平时练艺多思考进法，则必能精通进击法，除此之外，也要精通退守法。但在动手较技中，能教一思进，莫教一思退，是为思进不思退之法，乃指闪展、趋避、腾挪、吞吐、伸缩等法中，"中"应与展、趋、腾、吐、伸诸法随而进之，后人总结为"让，中不让"。

每个攻防招法都是手法、身法、步法按照"三才""三节""三极"机制回旋往复而成的"立体九宫"式拳势，即"三圆同心"所成之拳势，总要以一心为主宰。

一心者，在全身乃言"本心"，即理心、道心；在身形，乃为虚中；在四肢，乃为腰，因腰为手足、上下相随之中心；在内气，则为丹田，丹田为内气上升、下降、外涨、内渺、左旋、右转之中心；头，为诸阳之首，内藏元神，乃一身内气、外形合一而用之中心。虚中，下有精户，中有丹田气海，上有神舍，是人身动静变化之中枢，上下一线为竖轴；肚脐到命门穴为顺轴；两髂前上棘之连线为横轴。这样，虚中之竖轴、横轴、顺轴三轴连结之点，是为"天枢"，又名"太极之点"。谚云："冬至子时半，天心无改移。"传统拳术中此"天枢"又名"天心"；而在传统拳术中，灵神、内气、外形，三者浑化合一之拳势的内在机制，即法身道体，是为"心"，又名"中枢"。这就是"以天心为体，以元神为用"中体用一元的说法的基础。有了此"心"之主宰，便能统一自身内外五行而用，就能运使自身内气、外形合一，而有拳势的束收、展放等各种攻防招法。

㉔一理运乎二气……终于此而已矣

传统拳术攻防之道的学问，不外乎天人合一的天道至理，健顺和之至、太和一气的攻防之二用，太和一气的行乎身形，天人地三节的顺逆运行，表现在四梢（发为血梢、舌为肉梢、齿为骨梢、甲为筋梢）的神充气足，统乎内外五行本一气的宗旨。

故而，太极拳术攻防功夫的修炼，一开始盘招打势时，都是很生疏的，这时要勉励自己，坚持时日便可熟而生巧，巧便得妙，妙心通神，神明便得自然之道。太极拳术之道学的内容，终于此而已。

前贤所言"习拳练武，持之以恒，便有圣功之获"就是这个道理。然而，通观现今习拳练武之人，能做到此者，万不及一也，故艺能大成者，凤毛麟角，实不为怪。

诚者，天道；诚之者，人道。通篇所论交手的方法、准则、规矩、规律，乃诚心之所言，字字如珠玑，句句明至理。修炼太极拳术攻防之道者，逐字逐句，通篇精心阅读，细心品味，自明太极拳术攻防之道之修炼、建体、致用之真谛；自得太极拳术攻防之道之修炼、建体、致用之精髓；自达太极拳术攻防之道之上乘虚灵妙境。拳学一道，千古圣传，吾岂敢虚语妄言哉！

下卷

清末陈鑫太极讲义

太极拳经谱

太极两仪，天地阴阳。阖辟动静，柔之与刚。屈伸往来，进退存亡。一开一合，有变有常。虚实兼到，忽见忽藏。健顺参半，引进精详。^①或收或放，忽弛忽张。错综变化，欲抑先扬。必先有事，勿助勿忘。

真积力久，质而弥先。盈虚有象，出入无方。神以知来，智以藏往。^②宾主分明，中道皇皇。

经权互用，补短截长。神龙变化，畴测汪洋。沿路缠绵，静运无慌。肌肤骨节，处处开张。不先不后，迎送相当。^③前后左右，上下四旁。转接灵敏，缓急相将。高擎低取，如愿相偿。

不滞于迹，不涉于虚。至诚即太极之理气运动，擒纵由余。天机活泼，浩气流行。^④

佯输诈败，制胜权衡。顺来逆往，令彼莫测。因时制宜，中藏妙诀。上行下打，断不可偏。声东击西，左右威宣。^⑤

寒往暑来，谁识其端。千古一日，至理循环。上下相随，不可空谈。循序渐进，仔细究研。人能受苦，终跻浑然。至疾至迅，缠绕回旋。离形得似，何非月圆。精炼已极，极小亦圈。^⑥

日中则昃，月满则亏。敌如诈诱，不可紧追；若逾界限，势难转回。况一失势，虽悔何追？我守我疆，不卑不亢。九折羊肠，不可稍让。如让他人，人立我跌。急与争锋，能上莫下。多占一分，我据形胜。一夫当关，万人失勇。^⑦沾连黏随，会神聚精。运我虚灵，弥加整重。细腻熨帖，中权后劲。虚拢诈诱，只为一转。来脉得势，转关何难。实中有虚，人已相参。虚中有实，孰测机关。不遮不架，不顶不延迟也；

不软不硬，不脱不沾；突如其来，人莫知其所以然。只觉如风，催倒跌翻。绝妙灵境，难以言传。⑧

试一形容：手中有权，宜轻则轻，斟酌无偏；宜重则重，如虎下山。引视彼来，进由我去。来宜听真，去贵神速。一窥其势，一觇其隙。有隙可乘，不敢不入。失此机会，恐再难得。一点灵境，为君指出。⑨

至于身法，原无一定。无定虽说无定有定自有一定，在人自用。横竖颠倒，立坐卧挺；前俯后仰，奇正相生。回旋倚侧，攒跃皆中皆有中气收放，宰乎其中。千变万化，难绘其形。⑩

气不离理，一言可罄。开合虚实，即为拳经。用力日久，豁然贯通。日新不已，自臻神圣。浑然无迹，妙手空空。若有鬼神，助我虚灵。岂知我心，只守一敬。⑪

题解

此文摘自以《易经》之太极理法，阐明太极拳方方面面内容的经典著作——《太极拳经谱》。《太极拳经谱》采用的是四言歌行体裁，共计一百六十余句，内容庞大，结构完整。此拳经的问世，促使后世产生了太极拳之门派、拳种。太极拳是在继承先前拳种成果的基础上应运而生的。太极拳的问世，使得中华传统拳术攻防之道这门学问进一步完善、圆满。这就是《太极拳经谱》的价值。

注解

① 太极两仪……引进精详

自身一太极，含内气、外形之两仪。内气为天，为阳；外形为地，为阴。内气阳刚，外形阴柔，柔外刚中，匹配如一，共同主宰攻防开合、动静变化之大权。内气、外形之屈伸往来的运动，关乎着人的生死存亡和攻防拳势进退之胜败；拳势的开合虽然有万般的变化，但内气、外形相互为用却有一定之常规法则。以体而言，内气为实，外形为虚；以用而论，内气有虚之用，外形有实之用。拳势之虚实，皆由内气、外形之虚实相兼及相互为用完成，故而可见形实气虚，或气实形虚的随机变化之用。内气者，健之体；外形者，顺之体。内气、外形柔外刚中，匹配如一，乃成健顺德之体。故而拳势之用，刚不可无柔，无柔则环绕不速；柔不可无刚，无刚则催逼不捷！这一健顺参半的拳术体、用法则之指导思想，皆来源于《易经》天人合一的"乾健、坤顺"之理法。正如《系辞下传》第六章中所说："乾，阳物也；坤，阴物也。阴阳合德，刚柔有体，以成天地之撰，以通神明之德。"而"引进精详"一句，又进一步说明修炼太极拳术攻防之道要将《易经》的天人合一理法引进到太极拳的修炼、建体、致用及攻防功夫艺境中来，而且，越精明详细越好。

② 或收或放……智以藏往

太极拳攻防的或收或放、忽弛忽张等种种错综复杂的变化，都是本着欲抑先扬的法则，遵从无为法式，自然之力有唯道是从的习惯，无为法式修炼久了，人就可脱胎换骨而神采奕奕；技击达到脱拙换灵之艺境。这就是太极拳修炼中健身、技击并行不悖之精义。

③宾主分明……迎送相当

太极拳的修炼、运用，皆遵循内气为主、外形为宾、意气君来骨肉臣的宗旨。只有如此，才能顺利实施中和之道以正己，而达到虚灵妙境；才能够在攻防较技中实施沾走相生、化打合一的法式以胜人；才能最终达到神拳神明的艺境，具备神化之功夫。这就是练用的"宾主分明，中道皇皇"之精义。

太极拳以体为经，以体求用，以用为权。内气、外形匹配合一，就是经权互用的精义。经权互用需要在建体过程中补内气之不足，截外形之力的有余；在致用的过程中，彼之力有余则泻之，不足则补之，使其过上加过，不及加不及，自然胜之。此乃练用之补短截长的全部内容。神龙者，灵明不昧的太和一气也。太和一气的攻防之势，正如前贤所言"我无所能，以敌为体，如水扬波，似火作焰"。这就是"畴测汪洋"句的精义。

身柔若絮，内气健运不息，故而气形动变沿路缠绵，能够"驭静以动，动中亦静，动静互为其根；柔化刚发，以柔用刚，阴阳迭神其用"，故而施招用手、施手用招皆能从他力取法，"要在心空灵，而手灵妙，猝变无心动中惶惶之色，动静皆自然，非勉强也。自然之力，由于习惯也。"此乃"静运无慌"句的精义。之所以能够具备"神以知来，智以藏往"之自动化的攻防能力，皆是因为周身肌肤骨节处处开张而内感通灵也；又有"以柔用刚，沾走相生"之"急则急应，缓则缓随"的"不先不后，迎送相当"的化打合一攻防技术。

④前后左右……浩气流行

由于实施的是以顺随为法、沾走相生之法式，内感通灵，故能够前后左右、上下四旁转化衔接，圆活灵动，缓急顺随，无过不及。或高擎，或低取，皆能心想事成，如愿以偿。如此的施招用手、施手用招，乃为见境生情、随机用势的效果，自然不滞于攻防招法的痕迹，不涉于空虚。此乃太和一气的至诚运动，故而可以擒纵由余（我）。天机者，太和一气攻防机制之简称。天机活泼无拘，是自身真气运行的结果。如果将天机视作与生俱来的天然之攻防机制，那天机就是指听探之良知、顺化之良能相互为用的能力。两者皆可讲得通，因其本就是相通的。

⑤佯输诈败……左右威宣

太极拳形拳招熟的施招用手、施手用招，本从兵法之诡道。其身式忽高忽低，或左或右，似进非进，似退非退，进中退，退中进，近而远，远而近，恍惚形如定，其中有诈诳引骇之式、横斜奇正之机，以数式连合为一式，谓之形拳招熟。非身柔若絮、灵活稳准，难以为此也。此乃"佯输诈败，制胜权衡"句之精义。

避实击虚，无争为争，乃太极拳施招用手、施手用招的基本法则。以此沾走相生为基本法则的招数，具备"一羽不能加，蝇虫不能落"的不撄人之力之特点，故而不受人之力的拘束；又有"人不知我，我独知人"的妙处，故而能所向无敌。这就是"顺来逆往，令彼莫测"句的精义。

太极拳的施手用招、施招用手，乃本着见境生情、因时制宜、因力制人的法则，其中蕴含的"中"藏有"得中用中"的"让，中不让"之意，上行下打，都要立身中正，活似车轮，如此才能偏沉于己，柔以化之，偏沉于彼，刚而逼之以制胜。断不可存在顶、扁、丢、抗之偏倚的病拳态势。只有立如平准，活似车轮，才能具备声东击西、左右神威广宣的能力。此乃"声东击西，左右威宣"句之精义。

⑥寒往暑来……极小亦圈

凉寒往而温暑来，周而复始，谁识其端？千古如一日之上午温、下午热、前夜凉、后夜寒，乃温、热、凉、寒四象法则的至理循环。而太极拳之手起为虚、足落为实，与另一侧所配手落为实、足起为虚（反之亦然）的四象，其上下相随的动转变化法则，亦是至理。修炼太极拳术攻防之道，要从建中立极、安轴定位、三才顺逆、四象法则、六合一体等建体、致用的内容开始，只有循序渐进，仔细究研，才能够体认清楚、体悟明白，也只有法分三修，游历三境，历经九个阶段，才能功成艺就。修炼之人要能受得住其中种种困惑或痛苦的磨炼，最终才能跻于浑圆一体、无形无象之道境，才能达到无形无象又无穷、不疾而速得之攻防功夫的艺境。这就是"至疾至迅，缠绕回旋"句的精义。

修炼太极拳术攻防之道，亦是将有形练到无形，练到无形时即得真功。无形的真功，就是太和一气的攻防能力，也即自己法身道体的攻防功夫。德普三光的法身道体，乃无形的圆融之体。这就是"离形得似，何非月圆"句的精义。

修炼到神拳神明的艺境，具备神化之功时，自己的法身道体乃能放之则弥六合，其大无外，无所不容；卷之则退藏于密，其小无内，无所其入；卷放得其时中，丝毫无差，无不切机。至于方圆立体发用之妙，原委于自然之神，统蓄以先天寸绵之力，为无为无不为也。这就是"精炼已极，极小亦圈"句的精义。

⑦ 日中则昃……万人失勇

攻防之道，亦遵循物极必反的法则，正如自然界的日中则昃、月满则亏之现象。在比武较技的过程中，始终都要保持清醒的头脑，如果对手运用欺诈、诱骗的攻防手段，千万不可紧追不舍，因为自己的拳势攻防之动变，外形有一定之疆界，内劲有一定之分寸，即有六合一体的规矩或六合一统的法则，若施招用手、施手用招逾越了自身六合一体的规矩或六合一统的法则之界限，则守之不严密，攻之不得力，势必机势难以转变回旋，这样就有被对手利用而战胜的可能。此乃求荣反辱之举，非敌胜我，乃自取其咎尔。攻防之道，胜败常在千钧一发时，若自己贪胜失势导致失败，则追悔莫及。此乃"若逾界限，势难转回。况一失势，虽悔何追"句之精义。

我时时守好我外形的疆界，把握好自己内劲的分寸，做到形不破体，力不出尖，随机用势，勿贪勿歉，无过不及，自然能听探得清楚，顺化得明白，则制胜即在情理之中。这就是"我守我疆，不卑不亢"句的精义。

双方攻防较技，拳势瞬间万变，形势变化虽然繁杂如九折羊肠，但是，一定要做到"让，中不让"。正如诀言所说："偏闪空费拔山力，腾挪乘虚任意入。让中不让乃为佳，开去翻来何地立。"这就是"九折羊肠，不可稍让"句的精义。如果将自己的中枢让给他人控制，则失势立败，自然是人立我跌。诀言所载"次手捶打捶，好手位打位"是拳术攻防较技的基本准则，即攻防好手在较技变化过程中，要时时刻刻注意选处良好的位置。此乃"先为不可胜，然后图谋之"的攻防良策，也是"急与争锋，能上莫下"句的精义。只有立身中正，才能蕴藏八面玲珑的动变机妙，外面自然具备八方制胜的拳势威风。此乃"多占一分，我据形胜"句的精义。

攻防之道，占据天时、地利、人和（即"我顺人背"的天时，"让，中不让"的地利，施招用手、施手用招的顺随沾走相生法之不撄人之力的人和），焉有不胜的道理？

⑧沾连黏随……难以言传

想要做到人不知我，我独知人，只有实施沾连黏随的方法，这就需要有听探之良知、顺化之良能的相互为用、柔化刚发的功夫。粘衣如号脉的虚拢应之，乃不攖人之力的欺诈诱骗之法式，只可为求得一转而骤发之；来脉听得真切而得势，转动自身的关节还有何难？这就是内有实中、外有虚应的"实中有虚"之精义。

虚中有实的法式机关是不好揣测的。需要施招用手、施手用招不遮不架、不顶不延；劲势不软不硬、不脱开、不沾连、一触即发，正如诀言："静以待动有上法，动中处静有借法。借法容易上法难，还是上法最为先。"由于上手便用对法，且其法突如其来，故人莫能知其然，只觉如被风摧枯拉朽一般，跌翻倒地。实中有虚的借法，虚中有实的对法，都是神拳神明之虚灵妙境功夫，其中的诀要，只能由修炼者自己体认，难以用言语表达清楚。

⑨ 试一形容……为君指出

虽然虚灵妙境的攻防功夫不易言传，但还是可以形容一下。得此功夫者，精神百倍，中气贯足，手中有权衡对手拳势轻沉的能力；宜轻则轻灵如羽，不攖人之力，故而听探、顺化、斟酌无偏差；宜重则重，如虎下山，势所难挡，而无坚不摧。引之使其处于被击打的位置，而我则进到可攻击对方空虚之地。这就需要将对手的来意听得真切，还要去得神速。

如从动静立论，就是"驭静以动，动中亦静，动静互为其根"；如从阴阳刚柔论述，就是"柔化刚发，以柔用刚，阴阳迭神其用"。总之，就是自身健顺参半的"太极两仪，天地阴阳；阖辟动静，柔之与刚，屈伸往来，进退存亡……"精义之体现。

⑩ 至于身法……难绘其形

拳势攻防过程瞬息万变，至于身法，原无一定之形式，然而在无定之形式中，自有一定的规矩及运作的法则，这全在自己如何运用。如身法的横竖颠倒、立坐卧挺、前俯后仰皆奇正相生，回旋、倚侧、攒跃皆符合立身中正安舒的中和之道，自然能做到并具备"身正，则无令亦从"之应变能力。故虽然身法千变万化，难绘其形，但还是有一定的形迹可循。

⑪气不离理……只守一敬

总而言之，中气离不开《易经》所阐发的天人合一的道理。一言以蔽之，内气、外形柔外刚中、匹配如一的体、用之开合虚实，即为拳经之理。遵经而用功夫，且持之以恒，法分三修、形拳招熟、气意拳懂劲，则豁然贯通后可达到"皮弹抖打震死牛"之艺境；再精益求精、日新不已地修炼，则可至"毛发松弹守三阳"的艺境，此即全体透空、神拳神明的大成艺境；再继续修炼，即可达到"含蓄坚刚而不外露，以柔软接坚刚，使坚刚化为乌有"之无形无象、浑然无迹、妙手空空的无极之无上境界。功到此境，与人较技时，即可"来无影，去无踪，犹如一阵清风倏忽"，若有鬼神助我一般。为何能有如此神奇的妙用？因为我始终坚守着一片对太极拳术恭恭敬敬的虔诚之心。

太极拳权谱

中气即太和之元气，不偏不倚，无过无不及贯足，精神百倍十年用功，十年养气。[①]临阵交战，切忌先进。如不得已，浅尝带引。[②]静以待动，坚我壁垒。

堂堂之阵，整整之旗。有备无患，让彼偷营。[③]一引一进，奇正相生。佯输诈败，反败为功。

一引即进，转转者，从引而忽转之进如风。[④]进至七分，疾速停顿。兵行诡计，严防后侵前后皆是敌人。前后左右，俱要留心。[⑤]进步莫迟，不直不遂。足随手运，圆转如神。[⑥]忽上手足向上忽下手足向下，或顺用顺缠法，其精顺或逆用倒转法，其精逆。日光普照，不落边际。[⑦]以上是敌侵我

我进击人，令其不防。彼若能防，必非妙方。[⑧]四句是我侵人

大将临敌，无处不慎。任他围绕，一齐并进。斩将搴旗，霸王之真。[⑨]

太极至理，一言难尽。阴阳变化，存乎其人。[⑩]稍涉虚伪学思并用，须下实在功夫，妙理难寻。[⑪]

题解

化乎太和一气而致用者，方称为太极拳。太极拳之经者，体也；太极拳之权者，用也。在修炼、建体、致用及攻防功夫艺境升华的所有范畴内，可以权衡利弊而变通之用的内容，就是"权"的全部内容。本题目中，共计论述了十二项有关用权的

内容。

注解

① 中气贯足，精神百倍

中气者，健顺和之至；太和一气，道也。万物之通理，名之曰太极。至中至正，无过无不及，谓之中气贯足。巧从熟生，灵从快生，刚生于柔，智生于拙。非养得目有神光、身有灵光、体有元光，难使敌一见而生畏怯于心。非有神光，难御乱敌；非有灵光，难疾胜劲敌；非有元光，难临大阵而耐久。灵光者，身外有红光缭绕；神光者，目中有青苍之气，足以照远出威；元光者，乃身外黄光闪烁，是内外功满，毫无缺欠，辉光普照，无隙可乘，目中、身内、手上更有一番稳准气象，足使人畏，故敌人动辄得咎。学力至此，乃为练家，方不愧居其名，可留芳千古，令后世慨见而神警。故闻声而惧者，因实称其名，威感夙著也。此真向战不持寸铁，何待矢折而胜耶？古之将帅，操不胜之术者，以其训练精细，百战无敌，谁敢慢视哉？功臻于此，谓之精神百倍。而中气贯足，精神百倍，才是用权的根本。

② 临阵交战……浅尝带引

故而临阵较技，在既不知彼、又不知己的情况下，切忌躁动，盲目妄进。而如果处于彼不动己亦不动的僵持状态（是不得已之情况），就要运用虚引的手法来调动对方（此即所谓试其应手的技法），如对方出手应招，就要运用引进的法式，伺机以技法胜之。这就是"浅尝带引"句的精义，也是第一个"权"衡利弊法的实施内容。

③ 静以待动……让彼偷营

临阵较技时亦可以运用静以待动的法式，坚固自己的阵势。

未交手时先做到立身中正，将中气吸聚中宫，使腹满坚实，全体振动勃然，其势如行军未对之先，将军士聚齐，号令严明，鼓其勇气，以待敌兵，使气有根，此谓之壁垒森严的堂堂之阵。这就是"有备无患"的精义，目的是让彼偷营来进取，当其贸然而进时，乘机以捣其虚，则必定胜之。正所谓，敌人一动手时，精神必要为之掀开，令彼自露其空处，然后一转进身，便可空中投石，所谓乘虚而入好用机是也。拳要上下左右俱顾，顾者，固之谓也。我身上下左右，皆能坚固无失，则随其所往无不利矣。此乃第二个"权"衡利弊法的实施内容。

④ 一引一进……转进如风

左引右进、右引左进、上引下进、下引上进、前引后进、后引前进，都是一引一进、奇正相生的法式。此乃第三个"权"衡利弊法的实施内容。

佯输诈败，诱敌深入，围而剿之以胜之，此乃反败为胜的攻防功夫，也是"置之死地而后生"的法式。此乃第四个"权"衡利弊法实施内容。

一引自身即进，转进如风，施招用手、施手用招迅雷不及掩耳而胜之。转进如风，就是神拳神明艺境的"来无影，去无踪，一阵清风倏忽"的表现。此乃第五个"权"衡利弊法的实施内容。

⑤ 进至七分……俱要留心

处在众敌围困之中时，可运用一引即进的法式，当进到七分境地时，即骤然停顿，严防后面的敌人乘机偷袭，此乃兵行诡道之算计。只有留心观察对手前后左右之种种情况，才能取得最终的胜利。此乃第六个"权"衡利弊法的实施内容。

⑥ 进步莫迟……圆转如神

步乃载身进退之舟车，故而步法的闪化进退，应随机乘势而运作，不要出现滞缓、迟慢、僵直而不能动转变化的情况。步法要随攻防手法的变化而运作，运作时要圆转如神。正如《九要论·步法第九》中所言："动作出于无心，鼓舞出于不觉，身欲动，而步以为之周旋；手将动，而步亦早为之催逼，不期然而已然，莫之驱而若驱，所谓'上欲动而下自随之者'，其斯之谓欤矣？"此乃第七个"权"衡利弊法的实施内容。

⑦ 忽上忽下……不落边际

攻防拳势上下相随，手起足落、手落足起之法式忽上忽下，或为顺缠，或为逆缠，全在一神领起，心能普照，气自周全，随机用势，方圆变化，犹如日光普照，不着蹄筌，不落痕迹，拳势茫茫，无边无际，生生不已，无穷无尽，全然一派应物自然之气象。此乃第八个"权"衡利弊法的实施内容。

⑧ 我进击人……必非妙方

施手用招、施招用手，"进则人所不及知，退则人所莫明速"，全在令其不防之时胜之，此乃兵贵神速的法式。如果进击的招式能被对手防守变化，则此招式必定不是妙手良方。此乃第九个"权"衡利弊法的实施内容。

⑨ 大将临敌……霸王之真

大将者，具有知人所不知的洞察秋毫之能力，以及能人所不能的应变自然之能力，故而处变不乱，处乱不惊，临危不惧，镇静自若。但是，大将临敌之时，又无处不慎重。对阵较技时，任凭对手围绕一齐并进，照样能在乱军之中斩将夺旗者，才是称霸称王的真功夫。何谓拳家的霸王之真？正如前贤所论："乍逢大敌，身陷重围，胜败只在须臾，生死不过顷刻，不有过人之技能，而败北之羞者几稀矣！盖此际，要抖擞精神，奋起杀机，怒贯于双目，气充盈肝胆。若值众敌四攻，其要以强弱知背向。弱者背之，强者向之。反身先攻之，卸退再应强。所谓指东击西，视南攻北也。避强摧弱，以孤其势；降弱示强，以警众心。是为挫其锐气，以削其羽翼也。其初也，须大喝一声，张其神威，乃轰然发手，即警挫其能。卸退一步，势若山崩地塌；跨进一步，狠如倒海排山。横冲直撞，令其难挡吾雄；左投右身，毋使能敌吾锋。疾如奔电，速若迅雷；触之者损伤，当之者危亡。任其众敌齐攻，莫不骇心丧胆也，诚能如是，敌斯破而危斯解矣！"此乃第十个"权"衡利弊法的实施内容。

⑩ 太极至理……存乎其人

《易经》的"易有太极，是生两仪"的天人合一之理法，难以一言以尽知，只有不断地进行"为学日益，为道日损"的内外双修，才能够得到正确的理解和应用。内气、外形之体用的阴阳变化，存乎其人之所为。正如《易筋经》中所言："易之为言大矣。易者，乃阴阳之道也。易即变化之易。易之变化，虽存乎阴阳，而阴阳之变化，实存乎人。弄壶中之日月，搏掌上之阴阳。故二竖系之在人，无不可易。所以为虚、为实者易之，为刚、为柔者易之，为静、为动者易之。高下者易其升降，后先者易其缓疾，顺逆者易其往来，危者易之安，乱者易之治，祸者易之福，亡者易之存，气数者可以易之挽回，天地者可以易之反复，何莫非易之功也。至若人之筋骨，岂不可以易之哉。"此乃第十一个"权"衡利弊法的实施内容，也是最根本的"权"衡利弊法的实施内容。

⑪ 稍涉虚伪，妙理难寻

只有不断地进行"为学日益，为道日损"的内外双修、学思并进，下实在功夫精心体认，方能获得真正的攻防功夫。此中精妙的拳理、道理，拳法体用之经、权的内容，拳势生生不已、源源不断的生化机制，无穷无尽的运用能力，全凭自己修炼体悟而得。此乃第十二个"权"衡利弊法的实施内容，也是有关最终成果的"权"衡利弊法的实施内容。正所谓"诚者，天道；诚之者，人之道也"也！

太极拳体用解

太极拳体

太极拳之道，"开合"二字尽之；一阴一阳之谓拳，其妙处全在互为其根。[①]

太极拳用

拳之运动，惟柔与刚。

彼以刚来，我以柔往；

彼以柔来，全在称量。[②]

刚中寓柔，与人不侔；

柔中寓刚，人所难防。[③]

运用在心，不矜不张。[④]

中有所主，无任猖狂。

随机应变，终不惊慌！[⑤]

题解

太极拳的修炼，有建体、致用的两大基本内容，而体现太极拳以体求用的修炼思想的太极拳的经、论著作中，《太极拳体用解》是不可多得的文章。在《太极拳体用解》一文中，有"太极拳体"和"太极拳用"两篇内容，将太极拳体、用的基本内容论述得清楚明了。这一体用思想，亦源于前贤之论述。如前贤云："人为万物之灵，其即仰观天以执行，俯察地以建极，居覆载之中，首出庶物者也。仰人何谓乎先？涵养之以静以蕴其继，灵妙之以动以畅其用。体非无以立其大本，用非无以彻其元功。离之中坤其静基也，《易》之卑法地者此也。然静则功力绵绵不息，其体至柔至刚。非柔则原委难于无间，非柔中刚未免有作辍之时。柔者静之体，刚者则又柔之体也。坎之中乾其动机也，《易》之崇效天者此也。非无则空灵犹恐障蔽；非无中生有，奚以见变应之奇？"这段论述，基本上概括了太极拳术攻防之道的修炼、建体、致用的基本内容之宗旨。

注解

① 太极拳……其妙处全在互为其根

此处所言的太极拳之体，乃气意拳懂劲之体，故曰："'开合'二字尽之。"内气、外形阴阳逆从，劲形反蓄，自能"驭静以动，动中亦静，静动互为其根；柔化刚发，以柔用刚，阴阳迭神其用"。这就是"一阴一阳之谓拳，其妙处全在互为其根"句的精义。

此言太极拳之体，下面皆言其用。

② 拳之运动……全在称量

太极拳的攻防运动，如以内气阳刚、外形阴柔、柔化刚发的体用法则来论，则惟有柔与刚之两仪的法式。就拳势而论，彼如果以刚势拳法击来，我以柔势拳法承接而往进，即避实击虚之法；如果彼运用柔势拳法而来，那制敌取胜的关键全在于称量。何谓称量？就是以我手称住人之手，如秤称物，同时，又以我之心度人之心，量其上下迟速，或半路变换机势。

③ 刚中寓柔……人所难防

刚中寓柔，可以不撄人之力，自然不受人之力所拘束；柔中寓刚，柔化而进，人无顾忌而不知如何预防，突然刚发，人来不及防而败之。

④ 运用在心，不矜不张

拳势之刚柔的运用在于心机，不矜持、不张狂、平淡无奇为最妙。有形的拳术，为心理活动之攻防机制；无形的拳道，乃以天心为体、以元神为用的自动化攻防机制。

⑤ 中有所主……终不惊慌

有形的，中轴为之主；无形的，中枢为之主；外形以内劲为之主。神、意、气、劲、形、中六合一统，内主外从，无论对手如何猖狂地发动攻击，都能自然应对，随机应变，始终不会惊慌失措。正如前贤所言，实施攻防招法，"含形随应，致变之剑……皆从他力取法。要在心空灵，而手灵妙，猝变无心动中徨徨之色，动静皆自然，非勉强也。自然之力，由于习惯也。尔等如能潜神熟练，自可时至神知"，继而神明。

太极拳缠丝法诗四首

七言古

动则生阳静生阴，一动一静互为根。

果然识得环中趣，辗转随意见天真。①

其二

阴阳无始又无终，来往屈伸寓化工。

此中消息真参透，圆转随意运鸿蒙。②

其三

一阵清来一阵迷，连环阖辟赖撕提。

理经三昧方才亮，灵境一片是玻璃。③

五言古

理境原无尽，端由结蚁诚。

三年不窥园，一志并神凝。④

自当从良师，又宜访高朋。

处处循规矩，一线启灵明。⑤

一层深一层，层层意无穷。

一开连一合，开合递相承。⑥

有时引入胜，工欲罢不能。⑦

时习加黾勉，日上自蒸蒸。

一旦无障碍，恍然悟太空。⑧

题解

太极拳缠丝法，乃是正名。现在有云"缠丝劲"者，属于模糊其概念的说法。这四首歌诀，是专门为阐明缠丝法式而作，意义非常重要。古时，人们将三股拧成的绳，名之为绳；而将两股拧成的绳，名之为缠。拳家以此"缠"字之精义，来论自身内气、外形相互为用的法式，并将之命名为"缠拳"；又在"缠拳"的基础上，参以《易经》的"顺逆"理论，发展出"顺逆缠手"的基本法则。而陈氏太极拳传人，又在"顺逆缠手"的基础上，形成了以"顺逆缠丝法"为核心的练用之法，即在"顺逆缠手"的基础上，形成了"左右缠""上下缠""里外缠""大小缠""进退缠""方位缠丝"之概念；又将各种攻防招势以"缠丝法"为基础，总结出"双顺缠""双逆缠""一顺一逆缠"三种组合法式。

四首歌诀中，第一首歌诀以"动静法式"立论，第二首歌诀以"屈伸法式"立论，第三首歌诀以"阖辟法式"立论，当然，还可以刚柔、虚实、方圆等多种法式立论。但是，此三首歌诀的内容，足以说明内气、外形缠法之相互为用的道理。第四首歌诀以简明的语言，论述了一个人要习拳练艺，就要首拜明师，如法修之，循规蹈矩，渐修顿悟，如此功夫艺境才能不断升华，最终达到无形、无象、无极之虚灵妙境。此乃内气、外形"二一一二"练用法式之论述。

注解

① 动则生阳静生阴……辗转随意见天真

内气、外形阴阳刚柔匹配如一，阳者主动，阴者主静，又听探之良知为阴，顺化之良能为阳，自然是"驭静以动，动中亦静，动静互为其根"。如果能认识到这一点，就能认识到动静相互为用的环中变化之趣味，则攻防辗转时自能在随机如意动变中见得纯任天然的自然力之真机了。

② 阴阳无始又无终……圆转随意运鸿蒙

阴屈阳伸，就是内气与外形相互为用、伸缩吞吐的方法，亦是无始无终的循环法式。内气、外形匹配如一，则往来屈伸的法式中自然蕴藏避实击虚之攻防变化的功夫。能够参透随屈就伸而不丢、随伸就屈而不顶的真消息，就能顺随为法、随机就势地圆转变化，随心所欲，运用自如了。鸿蒙者，健顺和之至，太和一气也，也即自己的法身道体。

③ 一阵清来一阵迷……灵境一片是玻璃

阖辟者，开合之谓也。昧者，不明之谓也；三昧，形、气、神三者不明之谓也。古人云："故形者，命之舍也；气者，生之根也；神者，生之制也。一失位则三者伤矣。是故，圣人使之各处其位，守其职，而不得相干也。夫形者，非其所安也而处之，则废（一昧也）；气不当其所弃而用之，则泄（二昧也）；神非其所宜而行之，则昧（三昧也）。"其法乃修真的炼精化气、炼气化神、炼神还虚，是谓之理经三昧而至明心见性之候。而修炼太极拳术攻防之道，就要法分三修，游历三境，终达到无形无象之上境，也即"灵境一片是玻璃"的体、用之精义。正如孙禄堂先生所云："身体如同九重天，内外如一，玲珑透剔，无有杂气搀入其中。心一思念，纯是天理；身一动作，皆是天道。故能不勉而中，不思而得，从容中道，此圣人所以与太虚同体，与天地并立。拳术之理，亦所以与圣道合而为一者也。"

各种拳法的精髓需渐修顿悟才能得来，经过修炼，会逐渐明白，然而未及修炼的部分，仍是扑朔迷离，修炼当中的每个环节、每层功夫艺境，皆是如此，这就是"一阵清来一阵迷"句的精义。

④ 理境原无尽……一志并神凝

修炼太极拳术，理无疆域，艺无止境，境无止界，为知无涯。但是，有了良好的开端，就要渐修顿悟，点滴积累，发扬"海不辞滴水，故能成其大；山不辞土石，故能成其高"的治学精神，再加之勤于修而毋嬉戏，自然是志向与神凝结一处，而练之必有所成。

⑤ 自当从良师……一线启灵明

修炼太极拳术，应当拜明白的人为师，又应拜访功德艺境高明的朋友以印证。修炼、建体、致用，及攻防功夫艺境的升华，时时处处都要遵循规矩，并养成良好的习惯，最终达到前知而灵明的境界。这就是"处处循规矩，一线启灵明"句的精义。

⑥ 一层深一层……开合递相承

太极拳术功夫艺境中，形拳招熟攻防功夫艺境中有骨力、筋发、招熟三层小的功夫阶段；气意拳懂劲攻防功夫艺境中有逆从、粘走、皮打三层小的功夫阶段；神拳神明攻防功夫艺境中有三阳、凌空、神化三层攻防功夫阶段。各层功夫都可从内气、外形的开合法式中递相增进而功成。

⑦ 有时引入胜，工欲罢不能

如果能如法修炼，用功真切，会发现功夫景象的趣味无穷，此趣味亦可以引人进入前所未有的圣境，使人欲罢修而不能。此乃真修炼者常常能体会到的境界。

⑧ 时习加亹勉……恍然悟太空

要想培养学习、修炼之兴趣，就要不断地勉励自己上下而求索，如此才能使攻防功夫蒸蒸日上、不断升华。一旦攻防功夫达到懂劲之艺境，就会日异一日，而至全体透空，明心见性，豁然贯通，终至无形无象之艺境。此时，方能恍然大悟，真功夫乃是自己无形无象之法身道体，其存在如太虚一样，亦如前贤所言："一点天清，二点地灵，三点神光遍九重。"这就是"一旦无障碍，恍然悟太空"句之精义。

打穴歌

（七言四句）

身似弓身劲似弦，穴如的兮手似箭。①
按时发兮须忖正，千万莫要与穴偏。②

题解

打穴，又名点穴。此"穴"与中医针灸学中的穴位并非同一个概念。中医针灸学中的穴位，是固定不变的，医生可以根据穴位的情况，对症状进行诊断和相应的针灸治疗，以使病人痊愈；而太极拳术攻防之道中的穴位，应是点位，是指受击的跌落点位。这一认知非常重要。只有如此，才能明白太极拳术中打穴攻防技法的实质内容，方不存在故弄玄虚的议论。

拳诀言："要问妙法终何在？跌落点对即成功。"因为习拳者劲道的存在，故任何拳势都有瞬间的虚实分别，而拳势攻击，都要选择对手劲道的力背之所在。运用"对法"的打力头，即时对手的劲势力头在何处，何处就是受击的点位。来劲支撑的点位，同样是受击打的点位。这三种受击的点位，拳家都习惯性地称为穴位。击打这些点位就是太极拳术中的打穴。歌诀所载"刚发他力前，柔乘他力后，彼忙我静待，知拍任君斗"，说明了拍打点位准确，就可与他人比武较技而制胜了。

但是，人体经络中的穴位，有些是疼痛酸麻的敏感点，在遭到一定重力的击打后，常常疼痛酸麻难忍；有些穴位虽不是敏感点，但在受击打后，也会出现酸麻疼胀感而使人失去反抗能力。功夫高者，认穴极为准确，可以控制在分毫之间。凡种种击打法式，并非单指手指，或拳，或掌，或肘，或臂，或膝，或脚法等，皆可为点击之处，或曰击打点位。由此而知，打穴、点穴、打点、拍位，都属于闭穴范畴。

原作者陈鑫在"重要穴目"篇末写道："打人必识穴道，不识穴道恐打伤人，如膻中、上脘，诸一被捶打，心气一提，心血一聚，随时能令人昏迷，且甚而至于死。故将针灸面背图，任、督脉图绘之于前，以备学者观览关紧穴，熟读记之。"从此论看，作者本意是让读者认识经络穴位，目的在于不伤人，或避免误伤人，并非给人点穴用。明白了这一点，就会对太极拳术攻防之道中"点穴"的说法有一个正确的认识。

然而，在传统武术门派各拳种中，确实流传有具体穴位，但是其名不与针灸穴位同。现将点穴法的部分穴位名称、内容开列如下，以供参考。

乳膀穴，被点者四肢麻胀。

神枢穴，被点者汗出如流，肠中苦痛，上吐下泻，面色青黑，气不相接。

猴头穴，被点者饮食不进，气闭昏闷。

双燕穴，被点者四肢无力，面色黄瘦，重者吐血，身作寒战，七窍流血。

眼田穴，被点者胸腹胀满，气逆头昏。

又有十二时辰的十二大穴，列之如下。

子时阴阳穴，丑时衣腕穴，寅时乔空穴，卯时双门穴，辰时太阴穴，巳时将台穴，午时天庭穴，未时七坎穴，申时探海穴，酉时青海（灵）穴，戌时铜壶滴漏穴，亥时白水穴。

凡点穴手法，皆是内劲功夫之上乘者，运用时，全凭手法轻灵如风且内劲到位，并非凭力量的大小。故一般习拳者非得明师所传，不必用心求之。此等上乘功夫可遇而不可求也。

注解

① 身似弓身劲似弦，穴如的兮手似箭

人身好似一张弓，身中内劲就像弓弦，对手的跌落点位就是目标靶子，而手出直射犹如离弦的箭。手出之法，或指、或掌、或捶的击打。

② 按时发兮须忖正，千万莫要与穴偏

时，作机会解，即乘机而发的意思。乘机发手，要拳势明打对方体表的点位，劲势暗对对方的"实中"，这样才有最大的制胜效果。这就是"须忖正"三字之精义。出手千万莫要内劲、外势偏离了对手的点位，这就是"千万莫要与穴偏"句的精义。此句充分地体现了拳诀所言"要问妙法终何在？跌落点对即成功"之精义。

杀手歌

（七言四句）

上打咽喉下打阴，中间两肋并当心。①
下部两臁合两膝，脑后一掌要真魂。②

题解

杀手，就是打手，也就是通常比武较技、打斗的攻防技法。然此歌诀讲的是拼死活的打法。如果将此视为正当防身自卫、自身救急之法，那么修炼太极拳者对此内容就不可不知了。

注解

① 上打咽喉下打阴，中间两肋并当心

上打咽喉，可致对方说不出话来。下打阴囊，轻者使对方睾丸疼痛难忍，重者可立毙人之性命。中间胃脘，轻击疼痛难忍，重击可造成胃出血。两侧肋骨受击打易折断，尤其是右肋受重击，可造成肝破裂。正当对手吸气之时重击他的胃脘、膻中穴、华盖穴等部位，能随时令其昏迷，甚至死亡。

② 下部两臁合两膝，脑后一掌要真魂

小腿两侧遭到腿法的重击后，可出现小腿骨折。用重力蹬踏对方的膝盖，可使对方出现膑骨破裂性骨折。头骨中最薄弱的地方就是后脑勺部位，此处如受重击，可使人立时毙命。

总论拳手内劲刚柔歌

（七言十句）

纯阴无阳是软手，纯阳无阴是硬手；①

一阴九阳跟头棍，二阴八阳是散手；②

三阴七阳犹觉硬，四阴六阳显好手；③

惟有五阴并五阳，阴阳无偏称妙手！④

妙手一着一太极，空空迹化归乌有。⑤

　　每一势拳，往往数千言不能罄其妙，一经现身说法，甚觉其易；⑥所难者功夫，犹难者长久功夫！⑦谚有曰："拳打万遍，其理自现。"信然！⑧

题解

　　此总论歌诀，乃言太极拳手内劲运用之刚柔，正确理解歌诀中刚柔的含义是关键。太极拳术认为：内劲乃阳刚之性，为健之体；外形乃阴柔之质，为顺之体；内气、外形柔外刚中，匹配如一，乃健顺德之体。这是刚柔之体的基本认识。而此歌诀中刚柔软硬均以外形拳势言，僵拙为阳、为硬，柔和为阴、为软。此种立论方法，属于体用混同，前人论拳之练、体、用内容时，多运用此法。笔者注解时，是以内气、外形的刚柔立论，读者比较容易明白。

注解

①纯阴无阳是软手，纯阳无阴是硬手

单纯的外形柔软，而无阳刚内气为主宰，是软手，软手无刚发催逼之势；只有外形的筋劲骨力之拳势，而没有柔和的劲势，是硬手，硬手不能随机变化以用招。故两者皆为孤阴不长、孤阳不生的病拳。

② 一阴九阳跟头棍，二阴八阳是散手

有一成柔和的劲势，九成外形僵硬的劲力，则其拳势易受力被击。其硬如棍，触其一头时一点便可将其打翻，故又称"跟头棍拳手"。

有二成柔和的劲势，八成外形僵拙的劲力，不能内外如一、周身一家，动则抽扯吊挂，游形离位，则称为"散手"，即散乱不可收拢的拳手。

③ 三阴七阳犹觉硬，四阴六阳显好手

有三成柔和的劲势，七成外形僵拙的劲力，就还是硬手型的拳手。

有四成柔和的劲势，六成外形的劲力，则是势正招圆的好手。

④ 惟有五阴并五阳，阴阳无偏称妙手

惟有五成柔和的劲势，并有五成外形的劲力，内外阴阳匹配无偏倚，才能处处用空，妙手连出，故曰"妙手功夫"。

⑤ 妙手一着一太极，空空迹化归乌有

着，即招。妙手一招，即功夫的每一式都是内气外形阴阳逆从、劲形反蓄完成的，这个过程就是一周天，也就是一太极。拳势由太和一气运行而成之，无迹象可求，故空空如也。这就是"空空迹化归乌有"句的精义。

⑥ 每一势拳……甚觉其易

每一势拳，都是由太和一气运行而成，不着形迹，不落蹄筌。其中体、用的精旨妙谛，往往数千言不能阐发明白；但是，一经现身演示，就觉得甚是容易了。

⑦ 所难者功夫，犹难者长久功夫

修炼太极拳术攻防之道，所难的就是功夫。第一个"功夫"在这里乃指攻防功夫之能力。尤难者是长久的下功夫精心修炼，非如此不能功臻神拳神明的大成艺境。

⑧ 谚有曰……信然

这里所说的"拳打万遍，其理自现"是有前提的，即拜明师，得真传，如法认真打拳，又能精心揣摩之唯道是从；否则，就是拳打十万遍，其理亦不会自现。确实如此啊！

太极刚柔四言俚语

（四言六句）

太极阴阳，有柔有刚；①
刚中寓柔，柔中寓刚；②
刚柔相济，运化无方。③

题解

太极者，无形之道体也，一也，母体也；刚柔者，有形之器体也，二也，子体也。这是从刚柔角度立论，言说太极拳术之练用基本法则、功夫艺境的歌诀。俚语者，通俗语言也。

注解

① 太极阴阳，有柔有刚

以体言，人身一太极，有阴柔之外形，有阳刚之内气。以用言，柔化刚发，以柔用刚，阴阳迭神其用。以修炼立论，乾，阳物也，坤，阴物也，阴阳合德，刚柔有体，以成天地之撰，以通神明之德。这就是"太极阴阳，有柔有刚"句之精义。

② 刚中寓柔，柔中寓刚

就具体应用而言，用刚不可无柔，无柔则环绕不速；用柔不可无刚，无刚则催逼不捷。诀言："柔中有刚攻不破，刚中有柔方为坚。"这就是"刚中寓柔，柔中寓刚"句的精义。

③ 刚柔相济，运化无方

人以刚来，我以柔往；人以柔走，我以刚逼。臻此，已是成手的功夫。圆转灵活无圭角，谓之"运化无方"。

太极用功七言俚语

（七言二十八句）

"初收"转圈自然好，未若此圈十分巧；①
前所转圈犹嫌大，此圈转来愈觉小。
越小小到没圈时，方归太极真神妙！②
人言此艺别有诀，往往不肯对人表。
吾谓此艺甚无奇，自幼难以打到老；
打到老时自然悟，豁然一贯神理妙！③
回头试想懒惰时，不是先知未说到。
说到未入我心中，我心反觉多烦恼。④
天天说来天天忘，有心不用何时晓？
有能一日用力寻，阴阳消长自有真。⑤
每日细玩太极图，一开一阖在吾身。
循序渐进功夫长，日久自能闻真香。⑥
只要功久能无间，太极随处见圆光。
此是拳中真正诀，君试平心细思量。⑦

题解

此歌诀以通俗易懂的语言，论述太极拳术如何用功修炼的问题。这是修炼太极拳术攻防之道者必须精心阅读、细心修炼体会的一篇专业论文。

注解

① "初收"转圈自然好，未若此圈十分巧

初收者，粗一看是陈氏太极拳套路中一个拳式名称，见《陈氏太极拳图说》卷一，被列为第七式。然而，以"先求开展，再求紧凑"的修炼之诀言观之，此并非指"初收"一式之拳势，而是言开展拳势演练之后初以紧凑法式修炼。

由开展变为紧凑，拳势打得从容自如，而又自自然然，圆转如神妙，美不可言之，就是"'初收'转圈自然好"句的精义。因为，此拳沾走相生，应变自如，圆转如神，"避实击虚"和"避向击背"运用得十分巧妙。如一羽不能加，蝇虫不能落，人不知我，我独知人，英雄所向无敌，皆因于此也！

② 前所转圈犹嫌大……方归太极真神妙

前面修炼的开展的转圈法式，圈略大了些，因此对手有机可乘。若拳势未变，而以内劲紧凑的法式修炼，则圈就变小了。当圈小到如同没有时，也就到了法身道体功德圆满的时候。此时就是炼到了心能普照、气自周全的火候。此正是全体透空、太极神拳神明、虚灵妙境的真攻防功夫艺境。

③ 人言此艺别有诀……豁然一贯神理妙

将太极拳修炼到全体透空之艺境乃平常的事情，只要用心学习，精心修炼，自幼坚持并打到老，自然就能体悟到太极拳修炼的精旨妙谛。到那时，心中豁然贯通，自然知晓天人合一之理法的神奇妙用。

④ 回头试想懒惰时……我心反觉多烦恼

当自己修炼到全体透空、无形无象之艺境时，思考自己为什么花了那么长的时间才修炼到此艺境，才明白不是老师、前贤没有言说点到，而是他们的点悟等未能进入我的心中；是欲望迷住了自己的心窍，认为先知开导、教诲的语言给我增添了众多烦恼。哪里是这样的呢？

⑤ 天天说来天天忘……阴阳消长自有真

老师、前贤天天说的歌诀、秘诀如同耳旁风，从不用心思索追求，故而天天听又天天忘。通过多年修炼，用心追求，而又具备了一定鉴别能力的时候，就能掌握攻防功夫中阴阳、虚实消长的规律，明白、体悟方方面面的精旨妙谛了。

⑥ 每日细玩太极图……日久自能闻真香

修炼太极功法，最好每天精研"太极阴阳两仪图"，并着重体会内气、外形匹配如一，及其在自身中是如何开中有阖、阖中有开、相互为用的。经过这样精心励志的修炼，日久天长自能明白其中的精旨妙谛。这就是"循序渐进功夫长，日久自能闻真香"句的精义。

⑦ 只要功久能无间……君试平心细思量

只要内功、外功践实而无间断，自然能德普三光。三光者，目有神光、身有灵光、体有元光。非有神光难御乱敌，非有灵光难疾胜敌，非有元光难临大阵而耐久。惟目中、身内、手上有一番稳准气象，方使人畏，动辄得咎。学力至此，乃为练家，方不愧居其名，可留芳千古。此乃"太极随处见圆光"句的精义。

咏太极拳五言俚语

（五言四十六句）

太极理循环，相传不计年。

此中有精义，动静皆无愆。 ①

收来名为引，放出箭离弦。

虎豹深山踞，蛟龙飞潭渊。 ②

开合原无定，屈伸势相连。

太极分阴阳，神龙变无方。 ③

天地为父母，摩荡柔与刚。

生生原不已，奇正不寻常。 ④

乾坤如橐钥，太极一大囊。

盈虚消息故，皆在此中藏。 ⑤

至终复自始，一气运弛张。

有形归无迹，物我两相忘。 ⑥

太极拳中路，功夫最为先。

循序无躐等，人尽自合天。

空谈皆涨墨，实运是真诠。

鸢飞上戾天，鱼跃下入渊。 ⑦

上下皆真趣，主宰贵精研。

若问其中意，道理妙而玄。 ⑧

往来如昼夜，日月耀光圆。

会得真妙诀，此即太极拳。 ⑨

凡事都如此，不但在时间。

返真归朴后，就是活神仙。

随在皆得我，太璞自神全。⑩

题解

此乃歌咏太极、太极拳理法的一首五言俚语，充分阐明了太极拳修炼的"有形练到无形处，练到无形是真功"之进阶道路，并着重说明"为学日益，为道日损"的内外、动静双修法则，以及实战实践的修炼思想，对习拳者具有明确的指导意义。

注解

① 太极理循环……动静皆无愆

易有太极，是生两仪；两仪中的阴阳相互为用，始见太极。诸如动静、刚柔、虚实、开阖、方圆、曲直等，凡两两相互对应、互根互生、相互为用的循环之理法，即"二一一二"之修炼的宗旨、法则，自古相传至今，计算起来不知有多少年了。这其中有修炼、建体、致用及攻防功夫艺境等的精义存焉，如"驭静以动，动中亦静，动静互为其根；柔化刚发，以柔用刚，阴阳迭神其用"。这样动静变化起来才没有过失。

② 收来名为引……蛟龙飞潭渊

从阴收阳发的拳势法式来看，防守收回的拳势为阴、为静，乃引之使进而落空的法式；出手进击的拳势为阳、为动，乃乘机捣虚的法式。静者，如虎豹深山踞；动者，似蛟龙飞潭渊。此正是"来无影，去无踪，一阵清风候忽"的全体透空虚灵妙境之写照。

③ 开合原无定……神龙变无方

拳势攻防的动静开合，没有定式，而内气与外形之屈伸开合、相互为用、势势相连却有一定的规矩、法式。灵活的如盘走珠，其势之威猛流畅，一如"高水泻平地，任自东西南北流"。之所以能如此，乃健顺和之至，太和一气流行，顺随为法，犹如神龙，无形无象，圆活灵通，无圭角可言。

④ 天地为父母……奇正不寻常

内气阳刚，外形阴柔，柔外刚中，匹配合一，相互为用，刚柔摩荡；拳势生生不已，奇正攻防变化，与寻常有形的拳术招法不同。又以顺随的沾走相生、化打合一为式，当然自有"进为人所不及知，退亦人所莫名速"的功能效果，自然具备"善变无形又无穷，不疾而速得真宰"的制胜之机。这就是遵照《易经》天人合一学说中"坤为吾母乾为父，太极一气贯来衡"宗旨修炼的效果。

⑤ 乾坤如橐钥……皆在此中藏

内气为乾天，故曰健之体；外形为坤地，故曰顺之体。两者柔外刚中匹配合一而用，如同内藏两仪格式的风箱，而太极就是这个风箱的大橐、母体。攻防拳势之内气、外形的盈虚变化，全凭听探得来的消息所决定。这就是"盈虚消息故，皆在此中藏"句的精义。

⑥ 至终复自始……物我两相忘

两仪中的内气与外形之阴阳、动静、刚柔、虚实、开合、方圆、屈伸等法式，呈现的都是周而复始之循环不息，皆是太和一气运化而产生的一弛一张之拳势变化。只有不断刻苦修炼，才能从有形的小成——形拳招熟，到中成的气意拳懂劲阶段，再升华至无形的神拳神明之艺境，这时才能达到物我两忘、无形无迹的攻防自动化境界。这不正是王宗岳《太极拳论》中所载"法虽万殊，而理一贯。由着熟而渐悟懂劲，由懂劲而阶级神明"之三层攻防功夫艺境吗？

⑦ 太极拳中路……鱼跃下入渊

太极拳修炼进阶的道路，以太和一气的功夫为最先。正如前贤所言："练拳莫先于炼气，炼气要首在于存神。存神之始功，根于固精。能此方可以论拳之练法，否则作辍之，鲜有成为完璧者。工夫贵勿刚勿缓，和平得中，且存且养，内外兼济。直外便能和中，练形亦可长生。活动筋骨身轻灵，周身气血力加增。"

修炼太极拳术攻防之道，须先分清内功、外功、内外合一功夫三种修法，再游历小成的形拳招熟，中成的气意拳懂劲，大成的神拳神明艺境。这就是太极拳的修炼顺序，要循序渐进，其中任何一个层次都不能越过，如此才能最终功成艺就。

内功勿间断，外功要实践。空谈攻防技能功夫，是没有任何用处的，只有精心地修炼，大胆地实践，勇于实战，不断地认真总结，才能修炼出真正的实战攻防能力来，才能最终达到拳道合一的真功夫艺境。

若功夫达到神拳神明的艺境，则轻灵如鸢飞上戾天，沉静似鱼跃下入渊，换句话说，就是轻灵如羽，沉静似山。

⑧ 上下皆真趣……道理妙而玄

内气、外形的建体修炼、致用修炼，匹配合一的德之体、道之体的修炼，蕴藏着无限的真知趣味，等待着修炼者用心感知、体会。尤其是"意气君来骨肉臣"中意气主宰的内容，更要精心研究，才能体会感知得真切而趣味浓厚。

若问其中的精旨妙义，就是"有化无，无生有，有无相生"这一微妙玄通的玄机。

⑨ 往来如昼夜……此即太极拳

"有化无，无生有，有无相生"，有无往来如昼夜之交替。心能普照，气自周全。听探的良知，顺化的良能，及其相互为用，如同日月辉照寰宇一般通明。如果能以天心为体、元神为用，则可得真妙诀，此时才可以名之曰"太极拳"。正如前贤所言："造乎神者，方称为法；化乎一者，始谓之拳。"

⑩ 凡事都如此……太璞自神全

凡事都是这个理法，修炼太极拳术攻防之道亦不例外。功夫的成就，不在于修炼时间的长短，而在于修炼方法得当与否。得当者易成，而花费的时间自然就短；不得当者难成，而花费的时间自然就长。正如王宗岳所言："每见数年纯功，不能运化者，率皆自为人制，双重之病未悟耳！"

如果能法分三修，游历三境，而至神拳神明的艺境，则健身、技击并行不悖。从攻防技击角度来看则是，自己修炼时外形不为神之累赘，与人攻防较技时不为对方的力所拘束，先人所知的能力、攻防神奇的妙法不为人所知，具备这样功夫艺境的人，名曰"活神仙"。这就是"随在皆得我，太璞自神全"句的精义。

陈鑫在《陈氏太极拳图说》中，共撰写了一百五十余首俚语歌诀，本集所选收的仅仅是其代表作而已。

太极拳经论

自古混沌之后，一画初开，一阴阳而已。天地此阴阳，万物亦此阴阳。惟圣人能葆此阴阳，以理御气，以气行理，施之于人伦、日用之间，以至仰不愧天，俯不怍人，而为天地之至人。①

要手亦是以理为主，以气行之，其用功与圣贤同。但圣贤所行者全体，此不过全体中之一端耳！②

虽然，由一端以恒其功，亦未始不可即一端以窥其全体。所以，平素要得以敬为主，临场更得恭敬。平素要先养气，临场更要顺气而行。勿使有惰气参，勿使有逆气横。至于用力之久，而一旦机趣横生，妙理悉现，万殊一本，豁然贯通焉！不亦快哉！③

今之学者，未用功而先期效，稍用力而即期成。其如孔子所谓"先难后获"，何问工夫何以用？必如孟子所谓"必有事焉，而勿正，心勿忘，勿助长也"，而后可。理不明，延明师；路不清，访良友。理明路清而犹未能，再加终日乾乾之功，进而不止，日久自到。④

问：得几时？小成则三年，大成则九年。至九年之候，可以观亦。抑至九年之后，自然欲罢不能，蒸蒸日上，终身无驻足之地矣！⑤

神手复起，不易吾言矣。躁心者其勉诸。⑥

题解

经者，纲领也，路途也。这篇《太极拳经论》的"经"字，乃指太极拳术攻防之道中修炼、建体、致用、进阶的必行之路。

注解

① 自古混沌之后……而为天地之至人

阴阳未判，称为混沌，即老子所说的"道"。道生一，则阴阳立判，但此时此景只是一阴阳而已。阴阳者，体、能也，气、形也。能者，作用者也。这就是"静为本体，动为作用"之精义也。天体的存在及其功能，是此阴阳；地体的存在及其功能，亦是此阴阳；其他万物的存在及其功能，皆是此阴阳。惟独修炼而得道的圣人，能把握阴消阳长的法则、规律，永葆阴阳动变平衡和朝气蓬勃的发展态势，能够"养至真息圆满，百慧从生，永生无灭。小可经纶，大可赞誉天地，故曰则塞于天地之间"。

理者，道的法则、规矩、规律，行为规范的文字表达。故理者，道体也；气者，道的功能、作用也。理气者，体用一元之说法。以体为用，用之合道，就是"以理御气，以气行理"的妙义。将以体为用、用之合道的法则，实施于人伦日常事物中，才能"唯道是从"地遵从"清静无为"的法则，平和地处理所有事物而能达到预定目标。这样才能仰头视之无愧于天道，俯身面对红尘亦无愧于人，不枉为人一世。能做到此者，可以称为"至人"了。

怍，惭愧的意思。全句语本《孟子·尽心》："仰不愧于天，俯不怍于人。"

② 要手亦是以理为主……此不过全体中之一端耳

修炼太极拳术攻防之道，施手用招、施招用手同样要遵循以道为体、以元神为用的阴阳法则。太极拳术攻防之道，是在"博学、审问、慎思、明辨、笃行"思想指导下，通过"人一之，吾百之；人十之，吾千之"的修炼取得的。这就是"其用功与圣贤同"句的精义。贤人的基本修炼法则是"法则天地象似日月，辨列星辰，逆从阴阳，法则四时"；圣人的修炼法则是"处天地之和，从八风之理，适嗜欲于世俗之间，无恚嗔之心，行不欲离于世，被服章举不欲观于俗，外不劳形于事，内无思想之患，以恬愉为务，以自得为功，形体不敝，精神不散，亦可以百数"。

然而，圣贤之人所行的是"修身、齐家、治国、平天下"；而太极拳术攻防之道的修炼者，只不过是完成躬身自厚，追求文兼武全将相身之才的"修身"过程而已。这就是"圣贤所行者全体，此不过全体中之一端耳"句的精义。

③虽然……不亦快哉

虽然，太极拳术攻防之道的修炼，只不过是完成躬身自厚，"修身"之过程的内容，如果再能持之以恒地用功索求，亦未始不可从此一端，而窥视到"修身、齐家、治国、平天下"之道的全部内容。

知道了太极拳的功能和作用，平时就要持以敬重的态度来修炼，尤其是临场打拳，或是与人较技，更要恭敬太极拳术攻防之道，恭敬对手了。修炼者，平时要以养真元之气为主要内容，临场打拳或与人比武较技，更要体顺气畅而行功，如此才能达到预期的效果。太极拳术攻防之道，本是"意气君来骨肉臣"、太和一气的运用法式，故而，不能有懒惰心态参与其中，亦不能有逆道用肌肉爆发力和尚血气之横力的现象参与其中。

至于用功修炼，按修炼的三个阶段循序渐进，一旦进入"毛发松弹守三阳"的全体透空太极艺境，则沾走相生、化打合一之机趣横生，静以制动，小力打大力，柔胜刚、弱胜强的妙理显露无遗，攻防招法万殊之景象，全都由法身道体之一本而成。功至此时，太极拳术攻防之道的修炼过程即豁然贯通，一目了然矣！不亦是天下最快活的事情吗！

④ 今之学者……日久自到

今天修炼太极拳术攻防之道者，不知道其法分三修、游历三境、历经九段、成功一也之系列方法乃是躬身自厚之系统工程，反而是尚未用功就期望得到健身、技击并行不悖的效果，稍一出力用功，就期盼成为天下无敌的高手。修炼太极拳术，正如圣人所说，先要经历千难万险的磨炼，而后方可有所获得。如何做到用功夫呢？必须先培养自己的法身道体，诸法修炼都要如法而行之，不要抱有某种目的，心中要记住种种感受而莫忘，循序渐进，不可揠苗助长，而后再期盼成功。如果不明白修炼、建体、致用诸法的道理，可以虚心讨教、询问明白的老师；攻防功夫艺境的进阶次第不清楚，可以拜访功夫艺境良好的拳友；理论明白，进阶次第清楚，但还是不能够做到，则须再加强每日精心的勤修苦练，追求进步而不止，有个三五年的时间，自然就能够达到神拳神明的艺境，具备神化之功了。

⑤ 问：得几时……终身无驻足之地矣

请问，“日久自到”之“日久”大概是多少时间？形拳招熟的小成艺境需三年，气意拳懂劲的中成艺境需七年，神拳神明的大成艺境则需九年。到了神拳神明的艺境，则拳法已经具备了欣赏的价值，可以使观看者赏心悦目。九年之后，拳术再修炼起来便趣味无穷，妙趣横生，欲罢不能了，因为处处微妙玄通，天天灵感顿生。

⑥ 神手复起……躁心者其勉诸

达到神拳神明艺境之人，定会认可我这一论断，正所谓英雄所见略同也。躁心者，如果能不断地勉励自己，勤而行之，诸艺境亦可以历尽，亦可以取得成功；如不改之，恐一事无成矣。此正如儒家所训："君子求诸己。"亦应了"师父领进门，修行在个人"这句谚语。

太极拳权论

天地一大运动也。星辰日月垂象于天，雷雨风云施泽于地，以及春夏秋冬，递运不已。一昼一夜，循环无穷者，此天地之大运动也。①

圣人一大运动也。区划井田以养民生，兴立学校以全民性，以及水旱、盗贼治理有方，鳏寡孤独补助有法，此圣人之大运动也。②

至于人之一身，独无运动乎？秉天地元气以生，万物皆备于我，得圣人教化以立，人人各保其天，因而以阴阳五行得于有生之初者，为一身运动之本。③于是，"苦心志，劳筋骨"，使动静相生，阖辟互见，以至进退存亡，极穷其变，此吾身自有之运动也。④

向使海内同胞，人人简练揣摩，不惰躬修，万象森列，显呈法象；又能平心静气，涵养功夫，令太极本体心领神会，豁然贯通。将见理明法备，受益无穷：在我则精神强健，可久天年；在国则盗寇荡除，可守疆域。内外实用，两不蹈空。熙熙皞皞，永庆升平，岂不快哉！运动之为用，大矣哉！⑤

虽然，犹有进，盖有形之运动，未若无形运动之为愈；而无形之运动，犹不若不运动、自运动者之为神。运动至此，亦神乎运动矣！⑥则其运动之功，既与圣人同体，又与天地合德。浑浑穆穆，全泯迹象。⑦亦以吾身还吾心之太极焉已耳！亦即以吾心之太极，还太极之太极焉已耳！岂复别有作用哉！⑧妙矣哉，太极之为太极也！神矣哉，太极之为太极

125

也！⑨

愚妄以臆见，聊书数语，以冠其端，殊令方家之一笑云。⑩

题解

此篇以自身天人合一的"体用一元"法身道体，以及太极拳术攻防之道的"权"，论述了修炼太极拳术健身、技击并行不悖之于己、于国的种种益处，同时又将太极拳术攻防功夫艺境的进阶次第论述清楚。故而，修炼太极拳者必须精心阅读这篇经典文章。

注解

① 天地一大运动也……此天地之大运动也

自然的天地是一个大的运动体系，如日月星辰垂象于天空，雷雨风云施泽于地，以及春夏秋冬、四时更替交错运行不止，昼夜循环而无穷尽的现象，都说明了这一点。这些都是天地一大运动的明证也。

② 圣人一大运动也……此圣人之大运动也

圣人管理天下，也是一个大的运动体系。如规划水利、开辟良田，乃颐养民生之根本大计；兴立学校，普及教育，是全民众文武之性能；抗洪治旱、扑盗灭贼等，都有既定的方针策略而即时行之，以保太平盛世之百业兴旺、民众生活安乐；对于鳏寡孤独，亦都有具体的救济安抚方法，来保障他们的生活。故说圣人管理天下亦是一大运动也。

③ 至于人之一身……为一身运动之本

唯独人之一身没有运动吗？非也！人秉天地元气之德以生

身，得阴阳五行之气的德性最全，被誉为万物之灵；生后再得圣人天人合一之教化，成才以立身，自保其与生俱来的天然听探之良知、顺化之良能，及其相互为用之本能。因而，太极拳攻防之道的修炼，就是以阴阳、五行的生化机制，如法修炼自己无形的法身道体。此无形的法身道体，乃为人一身运动之大本。

④ 于是……此吾身自有之运动也

于是，修炼太极拳术就要刻苦钻研、劳动筋骨，使自身听探的良知之静与顺化的良能之动相互为用，使内气外形相互为用，使开中有合，合中有开，开合互见，以至进退存亡，极穷其变。这就是太极拳术攻防之道中"驭静以动，动中亦静，动静互为其根；柔化刚发，以柔用刚，阴阳迭神其用"的攻防机制，也是自身中与生俱来的听探良知、顺化良能及其相互为用之运动也。

⑤ 向使海内同胞……大矣哉

愿海内外的同胞，人人精心修炼、细心揣摩太极拳术攻防之道，不懒惰，而能躬身自修，体会其中趣味浓浓、层出不穷的万千景象（即自身无形道体法身的景象），又能平心静气，涵养太和一气真功夫，心领神会，豁然贯通，理明、法备（自性能生万法之谓），终身受益无穷：对于自己，健身、技击并行不悖；对于国家，荡除盗寇，守卫疆土，让民众健康、愉快、安乐地生活在太平盛世之中。这岂不是人生最欢娱的事情吗！修炼太极拳健身运动之作用，大矣哉！深远哉！

⑥ 虽然……亦神乎运动矣

虽然修炼太极拳有如此功果，然而，在修炼过程中始终有进阶次第。小成的形拳招熟的有形拳术攻防运动，不如中成的气意拳懂劲之"意气君来骨肉臣"的有形拳术攻防运动好；而气意拳懂劲的有形拳术攻防运动，不如大成的神拳神明、无形的拳道攻防功夫好；而无形的拳道攻防功夫，即"毛发松弹守三阳"之运动，还不如"彼此呼吸成一体的凌空劲"之不运动、及寂感遂通，自动化运动的神化功夫好。其运动于无形之中，不觉其运动尔！太极拳术攻防运动功夫至此，就是神的运动呀！所谓"神"，就是灵明不昧的太和一气也，也是自己的"法身道体"。此正是"静为本体，动为作用"的体用一元之论述。

⑦ 则其运动之功……全泯迹象

太和一气的运动，就是身体如同九重天，内外如一，玲珑剔透，无一丝杂气掺入其中，心一思念全是天理，身一动作全是天道，与圣人同体，与天地合德而并立。这里和下面的论述，都是对自己无形的"法身道体"之体态、性状、功能的描述，即无极艺境的体用之描述。功到无极艺境，自己的"法身道体"混混沌沌，肃然静穆，无形无象。

⑧ 亦以吾身还吾心之太极焉已耳……岂复别有作用哉

太极拳的修炼，就是以自己有形的身体，还我心对太极的认识；以我心对太极的认识，还自身本来之"法身道体"达到"体用一元"的太极境界——"放之则弥六合，其大无外，无所不容；卷之退藏于密，其小无内，无所其入；卷放得其时中，丝毫无差，无不切机"。这就是"还太极之太极焉已耳"句的精义。修炼太极拳术攻防之道而达到体用一元的艺境，乃是功德圆满的正果。岂能还有别的作用吗！

⑨ 妙矣哉……太极之为太极也

至妙呀，体用一元之无形的法身道体！以柔软而接人之坚刚，使其坚刚化为乌有，神奇呀，体用一元之无形的"法身道体"！

⑩愚妄以臆见……殊令方家之一笑云

吾以自己浅薄的见解，妄加言之而书此数语，以冠其端，殊令方家之一笑尔！

此正是美言不美，真言反说尔！如此精辟的见解，后学之师而欲见笑者，正应了老子所言："下士闻道，大笑之。不笑不足以为道。"妙哉！痛快！大家胸怀若谷，读其文如亲见其人。

太极拳推原解·歌诀

斯人父天母地，莫非太极阴阳之气言气而理在其中酝酿而生。天地固此理言理而气在其中，三教归一亦此理。① 即宇宙太极是体，阴阳是体中之气。四方上下曰宇，古往今来曰宙之万事万物，又何莫非此理。况拳之一艺，焉能外此理而另有一理？此拳之所以以"太极"名也。②

拳者，权也，所以权物而知其轻重者也。③ 然其理实根乎太极，而其用不遗乎两拳。④ 且人之一身，浑身上下都是太极，即浑身上下都是拳。不得以一拳目拳也。⑤ 其枢纽在一心。⑥

心主乎敬，又主乎静。能敬而静，自葆虚灵。⑦ 天君有宰，百骸听命。⑧ 动则生阳，静则生阴。一动一静，互为其根。清气上升，浊气下降。百会、中极，一体管键。⑨

初学用功，先求伏应。来脉转关，一气相生。手眼为活，不可妄动。⑩ 其为气也，至大至刚，直养无害，充塞天地。配义与道，端由集义。浑灏流行，自然一气。轻如杨花，坚如金石。虎威比猛，鹰扬比疾。行同乎水流，止侔乎山立。进为人所不及知，退亦人所莫名速。理精法密，条理缕析。放之则弥六合，卷之则退藏于密。其大无外，其小无内。中和元气，随意所之。意之所向，全神贯注。变化犹龙，人莫能测。

运用在心，此是真诀。⑪ 不偏不倚，无过不及。内以修身，外以制敌。⑫ 临时制宜，只因素裕。⑬ 不即不离，不沾不脱。接骨斗榫，细心揣摩。⑭ 真积力久，升堂入室。

题解

本篇前面两段是论说文，第一段论述了太极拳之名源于《易经》的天人合一学说之理法；第二段论证了太极拳的修炼、建体、致用之理法，实关乎自己的法身道体，以及自身的"太极之体"。

后面则是以四言为主（夹有五言两句、六言一句和七言三句）的六十二句歌诀，论述了众多内容，如：敬拳为宝、意气君来骨肉臣、练用宗旨和攻防机制的建立、安轴定位、有备无患及修炼太极拳理法之系列内容。

注解

① 斯人父天母地……三教归一亦此理

人的阳刚内气，如天、如父，阴柔外形，如地、如母，内气、外形无非就是太和一气的升降涨渺，阴阳两种属性的流行。这就是《易经》中"坤为吾母乾为父，太极一气贯来衡"的"类物比象"的认识论。故而说，言太和一气时道理自在其中。天下万物万事，无不是太和一气之阴阳酝酿生化而成。天地的生成，天地造化万物，遵循的皆是此道理。故曰：言理而气在其中。此乃"气理本一"的学说。以拳事论，"气理本一"说的是自己的"法身道体"。正如前贤所言："健顺和之至，太和一气，道也。万物之通理，名之曰太极。"这就是拳以"太极"命名的根本缘由。太极拳者，太和一气流行的变化者也。

三教者，老子开创的道教、孔子开创的儒教、释伽牟尼开创的佛教三个教派。三教之内容（道教之："守中"，儒教之"成性"，佛教之"见性"）皆指道之"太极一体，阴阳二用"之理、法。

② 即宇宙之万事万物……此拳之所以以"太极"名也

宇宙之万事万物，又有什么不是以如此道理而生灭？太极拳术的修炼也是遵循这个道理，不可能另外再有一个理。太极拳之所以以"太极"为名，因其遵的就是"健顺和之至，太和一气，道也"这个"天人合一"的自然法则。

③ 拳者，权也，所以权物而知其轻重者也

所谓的拳，乃权衡利弊之道也。权衡利弊者，两利取其重，两害取其轻也。以拳事论之，就是权彼之轻沉以制胜者也。偏沉于己，柔以化之；偏沉于彼，刚以逼之。此即"奇寓于偶中"的备两而用一的武备思想的充分体现。

④ 然其理实根乎太极，而其用不遗乎两拳

之所以能权彼之轻沉者，乃根乎自己无形的太和一气之体尔！而此体之用，不外乎攻守之两拳。此两拳，并非指两手的拳头，这一点，读者一定要辨别清楚，以免自误。如果将攻防视为一体，那"两拳"也就是下文"不得以一拳目拳也"的"一拳"了。

⑤ 且人之一身……不得以一拳目拳也

此论说明，人之一身若以太极一体来认识，则无处不太极，自然无处不有攻防之两拳的运用，则浑身上下皆是拳的道理也就昭然若揭了。所以，修炼太极拳者不得认为一拳只是一拳也。因为，这关乎到什么是拳的问题。在解释什么是拳时，前贤云："造乎神者，方称为法；化乎一者，始谓之拳。"直译此言，就是：造乎神拳神明艺境的系列方法，方称为拳法；化乎太和一气的功夫火候时，始称为拳。这样，拳之体的概念，就是自己的法身道体，亦即太和一气；拳之用的概念，就是太和一气的顺随流行。太极拳之推手运动，并不是用两手的力量去推人，而是用两手引领太和一气之流行的系列攻防技法以胜人。内家拳法之尚巧者，即如此也!

⑥ 其枢纽在一心

枢纽者,又名为管键,是攻防机制的核心部位。枢纽又有有形、无形之分,其中有形的称为"中轴",无形的称为"中枢"。总枢纽在一心,此"心"有两解:一是普通人所说的主客观统一之心理活动的"心",这是指修炼太极拳术之前的"心",可称为理心;二是功臻神拳神明、大成功夫艺境时的"道心",这就是拳道中"以天心为主,以元神为用"的"天心"。天心者,妙圆之真心也,释家称为"妙明真心"。心本妙明,无染无着,乃清净之体。此心是太极之根,虚无之体,阴阳之祖,动静之机,天地之心,故曰"天心"。元神者,乃不生不灭、不朽不坏之真灵,非思虑妄想之心。天心乃元神之主宰,元神乃天心之妙用。故拳道以如如不动妙圆天心为主、为体,以不坏不灭灵妙元神为用。此乃针对人之无形的"太和一气"道体法身而说的。这个道体法身之"心"才是自身攻防的总枢纽之所在。

⑦ 心主乎敬……自葆虚灵

此心,乃理心也,故曰"主乎敬"。太极拳术攻防之道,乃历代圣贤留给后人修身养命的至宝,凡后学者必要恭而敬之,认真修炼,才能悟得真传功法之精义妙谛!

此心,乃道心也,故曰"又主乎静"。这就是拳诀所言"静为本体,动为作用"的"本体"说。修炼者如法进修,能敬能静,则功夫自然精纯,无杂气掺入其中,而得清净。前贤有论,夫行走之间,更有三字诀,乃"清、净、定"也。清字,存神泥丸,如水清月朗,风轻日暖;净字,一气到脐,取莲花净之意;定字,一气至海底停住,如泰山之稳,如松柏之茂,如秋阳之清暖,如露之含珠,如月之浸水,其坚如刚,其柔如絮。再合而为一，自泥丸到涌泉，浑浑澄澄，无碍无停，久则神光聚也。

> 气愈下兮身愈轻，
>
> 神居上兮心生灵。
>
> 精常固兮法术行，
>
> 形自空兮玄妙通。

此三字诀的论述，将敬、静、净的修炼因果解释得清楚明白。然净者，论述的正是"驱尽众阴邪，然后立正阳"的虚灵妙境景象，而这虚灵妙境，则是大成功夫艺境之太极全体透空的境界。

葆，青草茂盛的意思。自葆，即自我保持生机勃勃。保持生机勃勃自然能敬能静，敬则无不尊，静则无不应，从而达到虚灵妙境。此虚灵妙境，还需要自己时刻保护着。练功者要有"十年练拳，十年养气，十二时辰不昧主人翁"的心态，在日常生活中时刻处于自然练功的状态，做到心中不搁事，事上不搁心，唯道是从，应物自然，此乃真练功者也。

⑧天君有宰，百骸听命

在有形的拳术功夫阶段，理心者为天君；在无形的拳道功夫阶段，道心者为天君。天君，就是古谱中所载"飞天大帝"，飞天大帝就是"以天心为主，以元神为用"的无形的法身道体。古圣训言："其身正，不令不行；其身不正，虽令不从。"道心正，百骸听命而从之。故修炼太极拳术的秘诀，就是"正心"二字。

⑨百会、中极，一体管键

中极，穴位名，在脐下四寸（同身寸），是任脉的要穴，乃"足三阴经、任脉之会"，在会阴穴上方。此言乃论百会穴至会阴穴之间的"虚中"。用中极穴立言此中轴，其意义相同。此"虚中"是练功初期的"安轴定位"时,摹神设想之巧立者也。

一体管键:指此"虚中"是人身攻防、动静变化的大小枢机总管。然而,人身之枢机非指一处,有歌诀为证:

先将要诀记分明,手眼身形式在清。
大小枢机随运用,高低正覆有权衡。

⑩ 初学用功……不可妄动

这里提出了初学拳术攻防技术"先求伏应"的问题。什么是伏应?简单地说,就是外有应招的攻防变化,内有潜伏待动的机势。实际上就是以听探之良知、顺化之良能在顺化中随时听探对方的动静虚实,以备随时调整顺化的态势之攻防机制。下面详细论述"伏应"机制的来龙去脉。

《太玄经》载"应,象离卦",阐明了"阳极阴生"的伏机之精义。此精义在太极拳术中取"物极必反"的道理和法则,就是"阴极则阳应运而生,阳极则阴应运而生",故曰:"应,象离卦。"根据此道理来认识太极拳术中自身的攻防机制,则有攻守两仪的变化,即内外的变化、动静的变化。内极则外应运而生,外极则内应运而生;动极则静应运而生,静极则动应运而生。这只是攻守两仪变化的一个方面。应运而生的"未生将生"时为何?前贤习拳用拳时已经弄明白了这个概念,将其定名为"伏",即取内在的潜伏待动之机势。如果说,"应"是已经见到攻防招法外在的形象,那么"伏"所对应的就是内在的形象未见之时。内伏、外应合之即名"伏应"。修炼太极拳术攻防之道,必须先求"伏应",先贤云:"拳之一道,进退不已,神气贯串,决无间断。初学用功,先求伏应,来脉转关,一气相生。来脉听真,转关通灵；承接得势，伏机自动；因势而变，随势而发；左右逢源，如鼓应声。"由此论可知伏应法的重要性。通明伏应法的运用，是传统拳法达到神明功夫艺境的基础。

太极拳术攻防招法变化过程中，"意在人先，形随其后"中的"意在"内容，就点明了"伏机"用法的一个方面，属于内在的，即外形尚未随之时；其中的"形随"，即应的用法，属于外在的。故此可知，太极拳术攻防招法运用时，完成"意在人先，形随其后"的一个招法过程，就是一个"伏应"过程再含一个"伏"的过程。有了这样的认识，就能明白高手施招用手时所用的"拳打一挂鞭""暴打连环""硬打硬进没遮拦"的法式了。此绝非主观机械的组合招法和生硬散乱的狂暴蛮打之法可比。拳谚云："习拳不求伏应，用招就无真功。"于此可知，太极拳术行拳用招，皆循着内外两条相关联的线路：一条为外面显象的攻防招法变化线路，即可见的外形变换；另一条为内在无形的神意伏机变化线路。内外由"伏应"机制连通。具备"粘衣如号脉"的知人功夫，才能有"粘衣十八跌"的上乘艺境。

在伏应法中，伏是自身攻防招法变化的决定因素，具有修改应招变化的主动权；应则是给伏提供反馈信息的主要渠道之一。伏、应两方面在太极拳中相互为用，相辅相成，但伏是主导，是攻防招法变化的根基。

太极理论中的"微明"概念，就是意指太极拳术攻防劲势不能用老，永远留有变化的余地。拳家有两方面的论述来说明这一点，录之如下。

《拳经拳法备要·千金秘诀》

十八、问曰：身法当如何操持？

答曰：在收放卷舒。

常收时放是操持，舒少卷多用更奇。

一发难收无变计，不如常守在心头。

《易筋经·贯气诀·擎停成论》

停者，使以交手也，落点不先不后，不偏不倚，阴阳均
匀，停停平分，不多亦不少也。

上面两段论述，从修炼和运用的不同角度，将"微明"艺境
谈明白了，能在修炼和运用中达到要求，就能明白"微明"功夫
的重要性了。

习拳用招能得"伏应"机制而以"微明"境界运使，就是对
自身信息反馈的高水平运用。明此理法者，对神拳艺境自然亦不
觉稀奇。

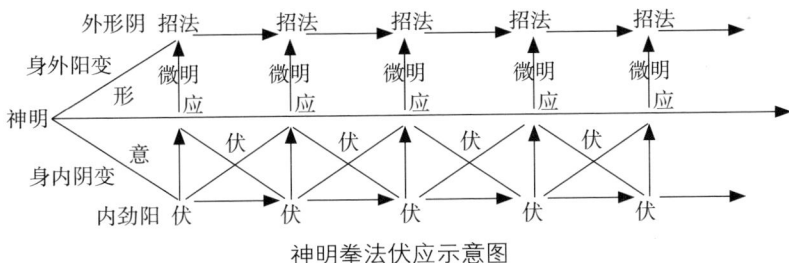

神明拳法伏应示意图

来脉，即对方所来拳势的虚实、刚柔之劲道（又名"气
道"），及其所来之动机方位（谓之脉络），故有"来脉听真"之
说法。转关，乃一气贯串的自身九节之相应转动。转关灵活，才
能避实击虚而制胜。这就是"手眼为活"的精义！手灵者，乘虚
而入，不攖人之力，乘时而逢，适中彼之窍，若僚之弄丸，循环
无端，如庖丁之解牛，游刃有余。眼灵者，审视有先之明，知其

137

未发之招，悉其将发之意。不可妄动者，即随人所动，随屈就伸，不丢不顶，勿自伸缩。彼有力，我亦有力，我力在先；彼无力，我亦无力，我意仍在先。要刻刻留意，挨何处，心即用在何处，须向不丢不顶中讨消息。能如此者，即可谓之"不自妄动"了。

⑪ 运用在心，此是真诀

不管是拳术攻防的理心，还是拳道攻防的道心，在太极拳术攻防较技时，都极为讲究"顺人之势，机由己发"。顺人之势的能力，乃是节节贯串、柔弱无骨、形体似水流的功夫；机由己发的能力，就是接骨斗榫的刚发功夫。此柔化、刚发之功夫皆为顺化的能力，且皆以"听探之良知"功夫为根本基础。

综合观之，"听探之良知，顺化之良能，及其相互为用"的内容，就是太极拳的真传秘诀。

⑫ 内以修身，外以制敌

太极拳崇尚"意气君来骨肉臣"的练用宗旨，尚巧而不尚力。即内以内气为宰相，怀柔四邦，以安定民众，就是先气贯周身，"脱拙换灵"，继之"脱壳换相"，以正心修身；外以内气为将帅，统领自身众官兵以应敌，执行柔化刚发、以柔用刚的战术以制胜。正如前贤所言："功用到此，文兼武全将相身，出处有道焉。"

⑬ 临时制宜，只因素裕

素裕，就是充足、富裕，或曰富有、阔绰。武备者，就是要准备充足，如此则用之不窘。在以太极拳的"顺从以为进，退之四两拨千斤"之法和以重击中之法与人比武较技时，可见境生情、临时制宜、相机择一而用之。此即前贤所言"寄奇于偶内"的武备思想之体现。

⑭ 接骨斗榫，细心揣摩

接骨斗榫，分为柔化、刚发两种法式。柔行气的节节贯串式接骨斗榫，犹如"链条"，连贯而不间断，任意变化，乃用于化解对方攻击之势，是为避实之法式。刚落点的节节瞬间锁定式接骨斗榫，恰似"构架"，其所以坚硬者，在于逐节之骨节（骨节者，两骨间之空隙也，乃人身之壑谷，为神明所流注）处精神填实，如铁如钢，屈之不能伸，伸之不能屈，气力皆全。此乃用于攻击对手之势，是为击虚之法式。柔行气、刚落点，虽然都是接骨斗榫招势，但有刚柔的区别。故而在修炼过程中，要细心揣摩其中的要妙所在。

附中气辨

中气者，中是中，气是气。中是不偏不倚、无过不及之名。以理言气，是天以阴阳五行之气化生万物。有是形，即有是气，是人所秉受于天本来之元气也。①气不离乎理，理不离乎气。气非理无以立，理非气无以行。气与理两相需者也。理有其偏，气亦有其偏。理之偏，私以参焉；气之偏，横以行焉。惟两得其中，合而言之，曰中气。②

窃谓不可以言语形容者，中气耳。中气，即《孟子》所谓"浩然之气"，即《易》所谓"保合太和之元气"也。③气不离乎理，言气而理自在其中。打拳以运气为主，然其中自有理以宰之。④理之得中者，更不易言，故但以气之附丽于形者，大略言之。

气之在体，无不充周，而其统帅在心。心气一发，能先听命者，肾中之志。心机一动，志则顺其心之所向，而五官百骸皆随之而往焉。⑤且各有各体之精，而随各体所往之地位而止也，此是一齐俱到。有分先后，有不分先后。所谓"小德川流，大德敦化"，道并行而不悖也。⑥

如单鞭一势：起初心欲先合两手，即用倒转精合住，左足收到右足边，而与右足合住；心欲展开，左手即用顺转精，右手即用倒转精。两大腿用精，左则顺，右则倒，顶精即领，胸即含住，腰精即下，裆开足。之后有心无心之间，说合上下一齐合住。⑦

且官骸之精，各随各经络运行，无纤悉之或差。⑧心即大体，官骸即小体。德即大体、小体中当然之理也。⑨

心机一动，百骸听命，非所谓"小德川流，大德敦化"，道并行而不悖乎？此所谓中气流行，一气贯通者，如此！⑩

题解

何谓中气？以心与内气言，心为一身之君主，内气乃为臣也；以外形与内气言，外形为民众、士兵，内气为宰相、将帅；合而观之，内气居于心主之下，民众、士兵之上，处于自身天地之中，故而名之曰"中气"。

这与文中的"中气者，中是中，气是气。中，不偏不倚、无过不及之名也；气者，本来之元气也"的观点并不相悖，只是立论的角度不同而已。

此文中"小德川流，大德敦化，道并行不悖乎？此所谓中气流行，一气贯通者，如此"之说法，阐明了体用一元的"小中见大，大中见小"及大小相互为用的法则。此乃太极拳术精微奥妙之所在，是修炼之法眼。

注解

① 中气者……是人所秉受于天本来之元气也

前贤云："中气，即仙经所谓之元阳，医道所谓之元气也。以其居人之正中，故武术名之曰'中气'。此气即先天真乙之气，文练则为内丹，武练则为外丹。然外丹未有不借内丹而成者也。盖动静互根，温养合法，自有结胎还原之妙。俗学不谙中气根源，惟务于手舞足蹈，欲入元窍必不能也！"

中气者，中和至中至正之气也，其性不偏不倚、无过不及。以道理言之，就是天以阴阳五行之气化生万物，"有是形就有是气"，中气就是人秉受于天地本来之元气而生成的。形意拳门所谓的"五行本一气"之"气"就是指此中气。

②气不离乎理……曰中气

言气，离不开道的理法；论道之理法，亦离不开真元之气的作用。气本于道体之理法以确立，道体之理法非气的运行则不能行通，气与道体之理法亦是相须而用。如果理法有偏，则气亦有所偏。理法之偏，乃是修炼者的私心杂念在作祟；气之偏，则由尚血气、用横力之法致焉。惟内气、外形两者中和，方可避免。此正是《太极拳经》中所说的"补短截长"修炼之精义。中气，是气样化运动，而又至中至正，不偏不倚。它无可匹配，独一无二，外形从属于它。

③窃谓不可以言语形容者……即《易》所谓"保合太和之元气"也

常常暗自私语曰：修炼太极拳术攻防之道而不可用言语形容者，中气耳！中气，就是《孟子》中所说的"浩然之气"，也是《易经》中所说的"保合太和之元气"。

④气不离乎理……然其中自有理以宰之

气离不开道之理法，言气的运用时道之理法自在其中。打拳以运气为主导，然其中自有道体之理法以主宰。此正是"以天心为主，以元神为用"的体用一元之艺境也。

⑤理之得中者……而五官百骸皆随之而往焉

修炼太极拳术得中和之道，更不易说得明白，所以只能以内气附丽于外形为例，大略言之：内气在外形体中，无不充足饱满地周流，而其统帅在心，也就是"心遂气穿，气遂心到，心能普照，气自周全"的意思。心气一发，率先听命者，是肾中之志，而肾中之志即丹田中之内气也。心机一动，志气即顺其心之所向而动，五官百骸亦皆随之而往焉。此乃论述自身内主外从的攻防机制的运作程序。

⑥且各有各体之精……道并行而不悖也

五官百骸各有个体之劲势，而随个体所往之地位而止也。此是心气一到则五官百骸俱到。劲力有分先后的时候，也有不分先后的时候。所谓"小德川流，大德敦化"，就是以体而言的浑身无处不太极，道并行而不悖也。这是论述自身攻防机制之整体与局部动静变化主从关系内容的。

⑦如单鞭一势……说合上下一齐合住

以单鞭一势举例说明一下。起初心欲先合两手于胸前，用倒转劲势合住，交成十字式，同时左足收到右足边，成堆步而与右足合住；心欲开左手，即用顺转劲势，心欲开右手，即用倒转劲势；两大腿用劲，左则顺缠劲势，右则倒缠顶劲；随即领胸圈住腰劲，即下裆开足。之后，于有心无心之间说合上下使上下一齐合住。

⑧且官骸之精……无纤悉之或差

且一身外形官骸之劲，各随各经络运行，无丝毫之差误。从这段论述中可以看出，经络之气属于外形的范畴，与内气不在同一范畴内。

⑨心即大体……德即大体、小体中当然之理也

心就是大体，在拳道中乃指自己的法身道体，官骸就是小体。大体、小体中，有主从动变之顺序、道理。圣贤所言"形而上者谓之道，形而下者谓之器。道以器为用，器以道为体"即是这一说法之精义了。

⑩心机一动……如此

心机一动，百骸听命，不就是"小德川流，大德敦化"，道并行不悖的道理吗？此所谓中气流行、虚实相须、内外一气贯通者，说的就是自己法身道体与法身形体的体用、主从关系。

中气与浩然之气、血气辨

中气与浩然之气稍异，与血气大不相同。①

中气者，太和之元气，即《中庸》所谓"不偏不倚"。而平常之理，宰乎不刚不柔、至当却好之正气。能用此气以行于手言手，而全体皆在其中，天下未有穷之者。如或有人穷之，非功夫未到十分火候，即涉于偏倚不中故也。涉于偏倚，非人能穷我，我自穷之也。此气之贵乎得中，名之曰"中气"，非气之行于官骸之中之谓也官骸之中，是当中之中；中气之中，是不偏不倚、无过不及之理，宰乎刚柔得中之正气元气。②

浩然之气者，大约涉于刚一边多。观于孔子、孟子之气象可知。孔子言语极和平，孟子气象就带廉隅。即其自谓，亦曰："至大至刚"。吾故曰，涉于刚一边居多，然要亦是秉受之元气，特稍涉于严厉。谓之为元气则可，谓之为太和之气似少逊耳，此所以与中气略有不同处。要拳者能以浩然之气行之，技亦过乎大半矣。再加涵养功夫，则几乎中气矣。③

至于血气，乃血脉中流通之气，即拳家所谓横气也。全仗年轻，力气勇猛，而以不情不理凌压敌人。失败者多，即间获胜，力气过大偶然胜之；一遇行手，气虽大而亦败。苟能稍遵规矩谓打拳成法，亦能打人，但能屈人之身，而不能服人之心。④

至于中气，能令敌人进不敢进，退不敢退，浑身无力，极其危难。足下如在圆石上站着，不敢乱动，几乎足不动即欲跌倒，此时虽不打敌，敌自心服。⑤

以上所辨，未知是否。以俟高明者指正。⑥

题解

这不但是一篇太极拳学中的文章，更是传统拳学中一篇著名的学术论文。修炼者应专心精读，否则，将"差之毫厘，谬之千里"矣！习拳读谱，如具备"以文观法"的能力，则读拳谱犹如明师亲临指导一般，能"以形鉴真"，拳谱精髓自能得矣！此善学者方能为之。

注解

① 中气与浩然之气稍异，与血气大不相同

在太极拳修炼过程中，中气功夫与浩然之气的功夫稍有不同，与尚血气、用横力的功夫亦是大不相同。修炼者一定要分辨清楚，否则就会入歧途而不自知。

② 中气者……非气之行于官骸之中之谓也

中气者，就是《中庸》一文中所说的"不偏不倚，无过不及，而平常之道理宰乎，不刚不柔，至当却好之正气"。此气运行于身体中，能见境生情而生万法，以化解任何的攻击，故而天下未有能穷之者也。此即老子在《道德经》中所说的"不与人争，天下莫能与之争也"。如有人能够穷之，不是这个人的功夫未到十分火候，就是其偏倚于一边，而不中正安舒也。涉于偏倚而为人所败，并非是因人能战胜我，而是我自己站在失败的位置。此气贵乎得"中"，得中即成法身道体的圆融景象，动静变化时亦无亏损，而有中正安舒的御敌妙用，故名之曰"中气"，非指此气之行于身体官骸之中。

③浩然之气者……则几乎中气矣

浩然之气，为自然天地间之正气。如浩然之气在身中，大约涉于刚一边多些。观孔子、孟子有关中气的描述，即可知孔子的言语极为平和，孟子的言语就略带棱角了。就是根据孟子所言"至大至刚"这句话，我才说浩然之气"涉于刚一边居多"而不中和。人身中的浩然之气，乃秉受之元气，稍严厉了一些，说浩然之气是元气可以，但要说浩然之气是中气，似乎比中气又稍微逊色了一些，所以说浩然之气与中气在功夫层面上略有不同。太极拳修炼者，若能以浩然之气实施攻防技艺，则功夫艺境亦过大半矣！若再加些化尽心中刚猛之气的涵养功夫，则几乎就是中气的攻防功夫艺境了。前贤对此有明确的论述，录之于下，以资对照。

《浑元剑经·剑髓千言》

故剑法既成，尤当博阅天文、地理、人事，驳杂于中，在一番体认知改择中，卑以身处之心。又或于澹定之候，静以抚琴，涵养性真，化净猛烈之习，效成一片温和气象。外人岂能知哉？目为武士，而有儒雅之风，称为杲儒，而有威严之度。故君子有三变，望之俨然，即之也温，听其言也厉，功用到此，谓文兼武全将相身，更必出处有道焉。

清代杨氏传抄老谱·太极下乘武事解

太极之武事，外操柔软，内含坚刚。而求柔软之于外，久而久之，自得内之坚刚。非有心之坚刚，实有心之柔软也。

这两段文字都说明了性情与功夫的涵养方法。

④ 至于血气……而不能服人之心

至于血气，乃血脉中流通的"营气"，也就是拳家所说的横气。横气，就是现在所说的外形聚劲凝形之力气及肌肉之爆发力。有些人仗着年轻，力气勇猛，以不合传统拳术之理法的外力凌压于人，故与人比武较技失败者多；即使其间有所获胜，也是因为力气过大偶然胜之，一旦遇到行家里手，力气再大也会落败。尚血气用横力之人，如果能够稍微遵循传统拳术施招用手、施手用招的法式，亦能在比武较技中胜人，但是，就算是胜了也只是屈人之身，不能令人心服。因为其不得劲势"掐手"之妙用，往往在胜人的同时，使人身体疼痛，受到伤害，故而不能令人心服。

⑤ 至于中气……敌自心服

至于中气的攻防功夫，由于运用"靠吃"的法式，能令对手进不敢进，退不敢退，浑身不得力，处在极其危难尴尬的境界中，双足如在圆石上站着一般，不敢乱动，几乎足不动即欲跌倒。此时纵然不击敌，敌已心悦诚服矣！这就是太极拳术攻防之道"彼此呼吸成一体"的凌空劲功夫。

⑥ 以上所辨，未知是否。以俟高明者指正

以上所论述的关于中气与浩然之气、血气横力的辨别情况，不知对否，敬请功夫艺境高明者指正！

太极拳著解

人之一身，心为主，而宰乎肉。心者，谓之道心，即理心也。① 然理中能运动者，谓之气，其气即阴阳五行也。然气非理无以宰，而理非气无以行。故理与气不相离而相附，此太极根无极者，然也。②

天之生人，即以此理、此气生于心。待其稍有知识，而理气在人心者，浑然无迹象。然心之中或由内发，或由外感，而意思生也。③

当其未生，浑浑沌沌，一无所有。④ 及其将生，其意微乎其微，而阴阳之理存乎其中。顺乎自然之机，即心构形，仍在人心之中，即《中庸》所谓未发也。⑤ 及其将发，而心中所构之形呈之于外，或上或下，或左或右，或前或后，或偏或正，全体身法无不具备。⑥

当其未发构形之时，看其意像什么形，即以什么命名。亦随意拾取，初无成心。是时即形命名之谓"着"。⑦ 而每着之中，五官百骸顺其自然之势，而阴阳无形之气运乎其中，所谓"动则生阳，静则生阴；一动一静，互为其根"。是所谓"阳中有阴，阴中有阳"。此即太极拳之本然。⑧

如以每着之中，必指其何者为阳，何者为阴，何者为阳中之阴，何者为阴中之阳？此言太滞，言之不胜其言。即能言，亦不无遗漏，是在学者细心揣摩，日久自悟。⑨

前贤云："能与人规矩，不能使人巧。"举一反三，在学之者；不可执泥，亦不可偏狃。⑩

题解

这是一篇专门论述太极拳术内主外从攻防招式形成过程的文章，既讲述了攻防招法形成的步骤、过程及其能够随机顺势变化的根本道理和法则，同时着重解释了"动则生阳，静则生阴；一动一静，互为其根""阳中有阴，阴中有阳，阴阳迭神其用"诀言的精义。遵此而修炼太极拳术攻防之道，功成艺就乃自然的事情。

注解

① 人之一身……即理心也

在人的一身中，心为十二官之主而主宰外形。修炼太极拳术攻防之道的心，谓之道心，也就是唯道是从的理心；如果以拳道而言，乃是"以天心为主，以元神为用"的法身道体之心。

② 然理中能运动者……然也

在法身道体中运行着的是太和一气。这太和一气，乃阴阳五行之本也。然太和一气，非道体理法无以主宰；而道体理法，又非太和一气无以运行也。故无极道体之理法与太和一气，须臾不离而相互依附。此就是说太极之太和一气根于无极之法身道体。

③ 天之生人……而意思生也

天道赋予人生化机能而使之成人，即根于法身道体之理法，而一气生于天心。此理法论说的是《道德经》中的"道生一"，和《易经》中的"易有太极，是生两仪"。人出生后，掌握的知识逐渐增多，但却因自身的道体、太和一气在人心中浑然无迹无象而不知有之。然而心中或由内发的顺化良能之指令，或由外感信息而知的听探之良知，相互为用，心中就生化出理和气的意思了。

④ 当其未生……一无所有

当其心静未生，法身道体混混沌沌，什么都呈现不出来。

⑤ 及其将生……即《中庸》所谓未发也

及其将生，微乎其微的时候，阴阳两仪之理法就存乎其中了。顺乎自然赋予的听探之良知、顺化之良能，及其相互为用的生化机能，法身道体之心先构成形，但仍在人心之中，这就是《中庸》所说的"未发也"。

⑥ 及其将发……全体身法无不具备

及其将发，心中所构之形显现于外形体，就是拳术的攻防招式。拳势或向上或向下，或前进或后退，或偏身架或正身式，全体身法无不具备矣！

⑦ 当其未发构形之时……是时即形命名之谓"着"

当其未发，在构形之时，看其意像什么，就以什么命名。亦是随意拾取，初无成心。是时就形命名谓"着"，也即"招"。

⑧ 而每着之中……此即太极拳之本然

在每个攻防招法之中，五官百骸皆顺其生化自然之势以成之，而太和一气运行于其中，这就是拳家所说的"动则生阳，静则生阴；一动一静，互为其根"。内气外形虚实相须，内外一而贯之，正是拳家平时所说的"阴中有阳，阳中有阴"攻防招式理法之精义。

⑨ 如以每着之中……日久自悟

如果在每个具体攻防招法中，必须指明何者为阳，何者为阴，何者是阳中之阴，何者为阴中之阳，则未免有些胶柱鼓瑟、固执拘泥。因其数量众多，故而曰不胜其言。即使能说得明白，难免不无遗漏。这些问题，若学拳者修炼时细心揣摩，真心用功，日久功夫上身，自然可悟而通之。

⑩前贤云……亦不可偏狃

前贤曰："大匠诲人，能与人规矩，不能使人巧。"习拳者应学会举一反三，活学活用，不可执泥于拳招而不化，亦不可身法偏倚或扭曲而不中正。只有身法招式中正安舒，才能见境生情、随机顺势以为用。

太极拳用说

五行生克，无处不有，无时不然。如两人交手，敌以柔来者，属阴，阴当以阳克之；（柔）属水，水当以火克之，此当然之理。势也，人所易知者也。独至于拳则不然，运用纯是经中寓权，权不离经。①

何言乎尔？彼以柔来者，是先以柔精听付也我如何答应，而后乘机击我。我以刚应，是我正中其谋，愚莫甚也。②

问：该如何应答？彼以柔法听我以胳膊听我，非以耳听也，我以柔法听彼。拳各有界，彼引我进，我只可至吾界边，不可再进，再进则失势。如曰："不入虎穴，焉得虎子？"是以天生大勇者论之，非为常人说法也。即为大勇，亦为涉险。③

问：该如何处置？如彼引吾前进，未出吾界即变为刚，是彼惧我而变柔为刚，是不如我者也，我当以柔克之。半途之中，生此变态，我仍是以柔道之引进落空者击之。④

如彼引我已至吾界，是时正宜窥彼之机势，视彼之形色，度彼之魄力。如有机可乘，吾即以柔者忽变而为刚击之。此之谓以刚克柔、以火克水。⑤

如彼中途未变其柔，交界之际，强为支架，亦宜击之。⑥

如彼引吾至界，无隙可乘，彼之柔精（劲）如故，是劲敌也，对手也，不可与之相持。吾当退守看吾门户。⑦先时我以柔进听之者，至此吾仍以柔道听之，渐转而退，仍以柔道引之使进。彼若不进，是智者也。⑧彼若因吾引而遽进，误以我怯，冒冒然或以柔来，或中途忽以柔变为刚来，我但稍低其手，徐徐引之使进，且令其不得不进。至（其）不得势之时，彼之力尽矣，彼之智穷矣，彼之生机更迫促矣！⑨是时，我之柔者，忽变而为刚，并不费多力，一转即克之矣。⑩

是时，彼岂不知孤军深入，难以取胜？然当是时，悔之不及。进不敢进，进亦败；退不敢退，退亦败；即不进不退，亦至于败。⑪

盖如士卒疲弊，辎重皆空，惟束手受缚，降服而已矣，何能为哉！击人之妙，全在于此。此之谓以柔克刚、以水克火，仍是五行胜克之道也。⑫

天一生水，水外阴而内阳，外柔而内刚，在人属肾。其以柔进，如水之波流旋绕，不先尚其力，用其智也。⑬

地二生火，火外阳而内阴，外刚而内柔，在人属心。水火有形而无质。

天三生木，地四生金，则有形有质。天五生土⑭。

水火势均者不相上下，言以胜水者，以火之多于水者言之耳。彼以柔进，忽变而为刚者，是水之所生之木也。木阳质也，即水中之阳性，因滋以成质者也。水与木本自一串，故柔变刚最易，以其形与质皆属阳也。⑮

上言以火克水，盖以火能生土，土能生金。火外明而内暗，阴性也。金，阴所成之质也。木在人属肝。金在人属肺。天下能克木者惟金，金与火皆阴类也。所言"以刚克柔"者，是"以火克金""以金克木"也，是以其外者言之。火性激烈，金质坚硬。心火一起，脾气动也。怒气发泄于外，有声可听，金为之也。脾气动，则我之肝与肾无不与之俱动，虽曰以刚克柔，其原实是以柔克刚。盖彼先柔而后刚，我是柔中寓刚，内文明而外柔顺，故克之。⑯

若彼以刚来，则制之又觉易。易何言之？如人来击我，其势甚猛，我则不与之硬顶，将肱与身与步一顺，身卸下步，手落彼之旁面，让过彼之锋头。彼之锐气直往前冲，不顾左右；且彼向前之气力，陡然转之左右，甚不容易。我则从旁击之，以我之顺力，击彼之横而无力。易乎不易？吾故曰："克刚易，克柔难！"⑰

题解

这篇文章谈了两点重要的内容：一是自身机体攻防过程中内气、外形柔外刚中匹配之法式；二是不与人争的让力头打力尾之法式。从中可以看出，太极拳术攻防之道的体、用并无神秘之处，都是人人得到真诀秘传就可以修炼出的功夫。

注解

① 五行生克……权不离经

先人们在认识事物演化现象时，发现自然界中存在着水、木、火、土、金五行相生与相克两种基本法则。这种五行生克制化的现象，无处不有，无时不在，是万物万事演化的内在必然法则和规律。

如果两人比武较技，敌以柔势来，因柔属阴，故当以阳克之，这是基本法则；阴柔之势属水，水当以火克之，此乃必然之理。物之动态，谓之势也，这是最基本的常识。至于拳术中的攻防拳势，就不这么简单了：运用时乃法身道体为经、为主、为本，太和一气为纬、为权、为用。经权互用，经中寓有权衡利弊之用，权之用不离经之本体。此乃经权相互为用的体用说，就是无极无形无象的法身道体与太和一气的体用关系说。

② 何言乎尔……愚莫甚也

为什么这样说呢？彼以柔势而来者，是先以柔势听探我拳势的虚实，看我如何接手应答，而后乘机顺势进击我。如果以刚势拳法接应其势，则我正中其谋，这是最愚蠢的接应法式。

③ 问：该如何应答……亦为涉险

有人会问："该如何伸手接应他呢？"彼以柔势拳法来，是以触觉功能听探我之虚实，我当以柔势拳法接应，亦以触觉功能听探彼之虚实。这乃是"以其人之道，还治其人之身"的"先为不可胜，然后图谋之"的无为法式。彼此拳法各有界限，彼引我进，我只能至我所能控制的边界，而不可再进，再进则失去六合一体的势态，便有被击打落败的可能。有人会说："不入虎穴，焉得虎子？"这是针对天生大勇者而论，并非平常人可用的法式。

④ 问：该如何……我仍是以柔道之引进落空者击之

有人会问："彼引我进，我以柔势接应后又该如何处置呢？"对方引我前进，尚未出我六合的边界，即将柔势变为刚发之势，是惧怕我或功夫技艺不如我的表现。其已变为刚势，但我仍当以柔势拳法克之。对方半途之中生此变化的势态，我仍然以柔势引进落空的泻力法式击之，如此无不奏效。

⑤ 如彼引我已至吾界……以火克水

如果对方引我已至我六合一体之形的边界处，是时，正宜神窥对方机势的虚实，视对方形色的长短奸诈否，意气揣度对方气力的轻沉，如果有机可乘，我即以柔行气拳势，忽然变为刚落点的拳势以击之，则无不可胜矣！

魄力：此处指施招用手、施手用招之灵巧能力而言。

⑥ 如彼中途未变其柔……亦宜击之

如果对方中途未变其柔势拳法，而至我六合一体之形的边界处，再强硬支撑，我亦宜用刚落点的拳势击之，则其亦必败矣！

⑦ 如彼引吾至界……吾当退守看吾门户

如果对方引我至我的六合一体之形边界处，但我无隙无机可乘，因为对方的柔行气之劲势如故，说明我遇到了劲敌呀，这是真正的对手！此时不可在自己的边界处与之相持，当立即退守，回到自己的疆界之内，看好门户，以图再次进取。

⑧ 先时我以柔进听之者……是智者也

先时，我以柔势听而进之者，至此我仍以柔势的劲道听其虚实，渐渐退至自己游刃有余的范围内，边退边以柔势的劲道引对方前进，直至进到我顺而其只能被动挨打的位置上来。对方若不贸然而进，说明其是攻防技击之智者也。

⑨ 彼若因吾引而邃进……彼之生机更迫促矣

对方如果因我运用引法而邃然无顾忌地进来，误以为是我胆怯而退，贸然以柔势进来，或中途忽将柔势变为刚势发来，我便可以劲意稍微抵其手，其摸到实处会错误地认为有便宜可占，便会更进一步。这样徐徐引之进，且黏势又令其不得不进，等对方到达他不得势之时、之地，也就无能为力了。

⑩ 是时，我之柔者……一转即克之矣

这时候，我之柔势忽然变为刚发之势，并不用费多大的气力，一转即能克敌而胜也。

⑪ 是时，彼岂不知孤军深入……亦至于败

这时候，对方已经回过味儿来，知道孤军深入是难以取胜的，然而这已经成为既定之事实，后悔已经来不及了，他面对的是进不敢进，进亦败；退不敢退，退亦败的尴尬局势。就是不退不进，亦难免落败矣！

⑫ 盖如士卒疲弊……仍是五行胜克之道也

这种尴尬的局面，就如同打仗的士卒，本已疲惫不堪，口粮、衣被、给养又空空如也，面对饥饿与死亡的双重威胁，惟有束手就擒，除此之外别无选择！击人之妙，全在于此时此刻！这就是以柔克刚、以水克火，仍是遵五行生克之道理和法则并行之的效果。

⑬ 天一生水……用其智也

天一生水，水外在阴柔而内在刚毅，人之肾即属水。水以波进如波流旋绕，不先尚其力，乃用其智也。

⑭ 地二生火……天五生土

地二生火，火外阳而内阴，外刚而内柔，人之心即属火。水火有形而无质。天三生木，地四生金，木、金皆有形有质。天五生土，地五承之，故土势浑厚。

⑮ 水火势均者不相上下……以其形与质皆属阳也

水火势均匀者不相上下，言以火胜水者，以火多于水者也！彼以柔进，忽变为刚者，是水之所生之木也。木，阳质也，是水中之阳刚之性，因滋以成质者也。水与木，本是母子相生关系，故柔变刚最容易，以其外形与质原皆属阳也。这就是同气相求。

⑯ 上言以火克水……故克之

上言"以火克水"，就是因为火能生土，土能生金，火外明而内暗，阴性也。金，阴所成之质也。木，与人之肝相应。金，与人之肺相应。天下能克木者惟金，金与火皆阴类也。所言"以刚克柔"者，就是以火克金、以金克木也，是以其外者言之，火性激烈，金之质地坚硬。心火一起，脾气动怒也。怒气发泄于外，可以听到哼、哈、嘿、咦之声，金气为之动也。脾气动，则我之肝肾无不与之俱动，虽然说是"以刚克柔"，其原是"以柔克刚"也。盖对方是先柔而后刚，我是外柔而内刚，柔中寓刚，内文明而外柔顺，故必能克之也。

⑰若彼以刚来……克柔难

假如对方以刚硬之势进来，则制服他就容易多了。容易是从何而谈呢？如人来击我，其势刚硬甚猛，我则不与之硬顶，将肱骨与身架、步法一顺身卸下，步、手落对方之旁边，让过对方之锋头。对方之锐气直往前冲，不易顾及左右，且其向前之气力，陡然转向左右，甚为不容易，此时我从旁击之，以我之顺力，击彼之横而无力即可。你看，容易不容易呀？此乃"让力头，打力尾"，不争为争的无为法式。故而克制刚猛坚硬的拳势而战胜对方，是比较容易的事情；可是，要想克制柔弱无骨如流水的拳势而战胜对方就困难多了，因为无隙可乘。当然，也不是没有克制柔弱无骨如流水的拳势的方法，但这就要求自己有"拳变造势，权变造势"的能力，使其被动失势，变得僵拙，然后用顺势借力的法式将其击败。

界限

何谓界限？凡分茅胙土，设官分职，以及动静语默，莫不各有界限。一逾分，一失言，即过界，过界即与人有干涉矣。①

凡事如此，况拳乎？如人之行步，尽足可开二尺五寸，此勉强为之，非天然也。②天然者，随便行步，约不过尺一二寸。上体之手，与下体之足趾齐，此即是界限。③大约胳膊只展四五分，内精只用一半，足步只开尺余。如此，则一身之上下左右，循环周转，无不如意。④

盖动不越界，如将士在本界内，山川地理，人情风俗，一一了亮于心。故进攻退守，绰有余地。一入他人界里，处处更得小心防护，稍有不密，即萌失败之机。此君子所以思不出其位也。⑤

打拳原为保身之计，故打拳之时，如对敌人，长进愈快。然又恐启人争斗之心，故前半套多言规矩，不言其用；至后半套，方始痛快言之，以示其用之之法。然第可知之，不可轻试。如不得已，为保性命计，用之可也。⑥

大约此拳，是个人自耍之势，徒手空运，非有敌人在其前后左右也。自己下功夫，遍数愈多愈好。根本固而枝叶荣。况卫生保命之道，莫善于此。⑦

学者但先难可也，至于后获，则当置之度外。不可以毫发望效之，念中分吾专心致志之功。金针以渡，学者勉旃。⑧

题解

这是一篇论述自身体用功夫中动变疆界或边界内容的文章。其文暗中指明：建中立极，安轴定位；人字架的确立；三才顺逆、四象动静变化的规矩法则，形用半、劲用对五、阴阳逆从、中土不离位的规矩法则，六合一体之形的动静规矩、法则，都有各自的运用界限而不可逾越。更为可贵的是，文章还详细论述了修炼的"有意练功，无心求功功自出"的心态。这是一篇不可多得的高质量论文。

注解

① 何谓界限……过界即与人有干涉矣

世间任何事物都有一定的活动空间、地域范围，不可轻易逾越，这就是"界限"的简单概念。如土地与房屋的产权归属、使用权利，官吏的职务大小、职责范围，以及种种生产、娱乐活动，休息场所，语言的适用范围，等等，莫不各有界限，一逾分，一失言，就是超过界限。过界，就会与人有干涉了。

② 凡事如此……非天然也

所有的事情都是这样，都有一定的界限，何况太极拳的修炼呢？简单地说，如人之行步，尽足之步履可开二尺五寸（约0.8米）。此勉强为之的步幅，不能久行，因其非天然也。

③ 天然者……此即是界限

人之天然的步幅，即人正常或自然行走时的步幅，不过一尺零一二寸（0.36~0.4米）；双手随步伐前后摆动，大都与足趾齐。此就是"界限"的概念。

④ 大约胳膊只展四五分……无不如意

在修炼、运用太极拳攻防招法时，胳膊大约只在自身前后、左右摆动，其展开幅度也就是四五寸而已，内劲亦只用一半，足步只展开尺余。如此运动，则一身之气上下左右循环周转，无不如意也。

这段论述，谈到了"形用半，劲用对五，中土常守，中土不离位"的身法运用准则。胳膊只展四五分中的"分"不是长度单位，而是指胳膊展开的程度。"常守时发是操持，舒少卷多用更奇"之诀言，说的就是攻击拳势之外形势展开的程度亦只有四五分而已。

⑤ 盖动不越界……此君子所以思不出其位也

实施攻防招法之不越界，犹如将士在本界内，而本界之山川地理、人情风俗，一一了然于心，故进攻退守，与敌周旋，处处皆有余地；一入他人界里，便得处处小心戒备防护，稍有不谨慎，就会被敌所乘而败北。此正是君子不出其位的道理。

⑥ 打拳原为保身之计……用之可也

打拳原为健身、自卫而设计，故在习拳时，如多与人较技则长进得快，然而这又会助长人的争斗之心，使人尚血气用横力，日久损伤身体，甚者威胁到生命。故而，陈氏太极拳套路的前半趟，是柔软的绵掌拳，多言身法、运用的基本规矩，不言其攻防致用的方法；而后半趟，是炮捶，才开始痛快言表攻防致用的法式，以展示其运用方法的精妙之所在。修炼用手之精髓妙谛，可以体认而知之，但是，能伤害对方的手法，不可以轻易实施。如不得已，为即时保护生命，亦可为之也。

⑦ 大约此拳……莫善于此

陈氏太极拳大约是个人自耍之势子，是徒手空运的修炼法式，非有敌人在自己前后左右。得师真传后，须自己暗下功夫，精心修炼，认真体会，方能有得。一般情况下，修炼的遍数愈多愈好。但是，如果每日修炼的遍数太多且不得法，则易劳倦或伤身体，也是不对的。太极拳术本是探本穷源、培根固本之事业，根本固而枝叶荣，乃常理也。何况修炼太极拳术攻防之道，还是卫生保命的根本大道，其他任何卫生保命之道，莫善于此也！

⑧学者但先难可也……学者勉旃

修炼太极拳术攻防之道，先觉得难而高不可攀，是可以理解的；对于"后来定有所获得"，修炼者亦当置之度外，不可存有毫发期盼效果之念想，因为这样的念想时刻都会分散修炼者的精力。这就是"有意练功功纯真，无心求功功自出"之真言，学拳者奋发有为，则功到自然成矣！

勉旃：与古代汉语中"勉诸"等词相类，即勉励自己而为之的意思。

争走要诀

两人交手，各怀争胜之心，彼此挤到十分九厘地位，只余一厘。分胜负全在此一厘地位。彼先占据，我即失败；我先占据，彼亦失败。盖得势不得势，全系于此。此两人俱到山穷水尽也。①

当此际者，该如之何？②

曰：必先据上游。③

问：如何据上游？④

顶精领住中气，手略提高，居于敌手之上；身略前侵，逼迫彼不得势。⑤力贵迅发，机贵神速；一迟即失败，一迅疾即得势。势得则手一前送，破竹不难矣。⑥

如两人对弈，棋到残局，胜负在此一步；又如逐鹿，惟高才捷足者先得之；又如两国兴兵，先夺其辎重粮草。此皆据上游鹽脑之法也。⑦

故平素打拳，全在一起一转，所谓"得势争来脉，出奇在转关"。本势手将起之时，必先使手如何承住上势，不令割断神气血脉。既承接之后，必思手如何得机得势。来脉真，机势得，转关自然灵动。⑧

能如此，他日与人交手，自能身先立于不败之地，指挥如意。来脉转关，顾可忽乎哉！⑨

题解

此篇《争走要诀》主要论述了太极拳"顺势借力"之无为法

式，和"曲中求直，蓄而后发"的攻防技术、技巧，并得出一身三才九节如九曲珠一气贯串、节节相连，就是上手招式即下手预备势，势如波涌，"起伏进退，得先者王"，是逆力揭献、借力打人的方法。

注解

① 两人交手……此两人俱到山穷水尽也

两人比武交手较技，各怀争胜之心，乃正常的心理活动，无可厚非。然而，到底谁是胜者，并不取决于争胜欲望的大小，而是谁的攻防技法运用得更为得当。尤其是双方争斗挤到只余一厘的时候，分别胜负全在这一厘之中，彼先占据这一厘位置，我即失败，我先占据这一厘位置，彼亦失败。正如《太极拳经》中所言："急与争锋，能上莫下，多占一分，我据形势，一夫当关，万人失勇。"所以说得势不得势全系于此，因为此时两人都到了山穷水尽的地步。

② 当此际者，该如之何

当此之际，该如何操持，如何用心？

③ 曰：必先据上游

曰：必先占据上游！

④ 问：如何据上游

问曰：如何占据上游？

⑤ 顶精领住中气……逼迫彼不得势

全身虚领顶劲，一神领起，手中顶劲领住中气，手中劲势略微提高，居于敌手劲势之上，敌必被粘而势浮矣；再将身势略微向前侵逼，迫彼不得势。此乃得中用中，而得中之用的打人拳法，全凭盖势取，运用身势，实施的是逆力以为揭献的借力打人之方法。

⑥ 力贵迅发……破竹不难矣

实施得中用中而得中之用的打人拳法，应在瞬间将气力迅速发放出去，如鼓应声；应机贵神速，应达到人所莫名速的境界。因为，稍有迟慢即可能失败，疾快到迅雷不及掩耳即得势。得势的同时再将手向前送（此乃加速度之方法），则势如破竹，战胜对手不难矣！正所谓："惟颤劲出没，其捷可使日月无光，而不见其形，手到劲发而不废其力。总之，运于三性之中，发于一战之倾，如虎之伸爪不见爪，而物不能逃；似龙之用力不见力，而山不能阻。"

⑦ 如两人对弈……此皆据上游盬脑之法也

此情此景，犹如二人对弈，棋到残局，胜负只在此一步之内；又如围田打猎之射鹿，只有才思敏捷、动作迅速者才能先得之；又如两国兴兵，必先夺对方粮草辎重。此皆为占据上游，而又闲暇省心、直截了当的方法。

盬：音"古"，闲暇的意思。盬脑：省心的说法。

⑧ 故平素打拳……转关自然灵动

故在平常打拳练艺的时候，应多在一起势、一转关的问题上用心。所谓"得势争来脉，出奇在转关"，就是说本势手将起之时，必须先使手承住上势，不令割断神气血脉。既然承接准确了，下面就该思考"手如何得机得势"了。

这段论述，就是"一气贯串，节节相连"的精义，换句话说，即上招式就是下招式的预备势，不另起炉灶。

⑨ 能如此……顾可忽乎哉

能做到这样的话，他日与人交手较技，自能身先立于不败之地，指挥如意。来脉听真，转关出奇制胜，确实是修炼太极拳不可忽视的重要技法啊。

太极拳缠丝精论

太极拳，缠丝法也。进缠、退缠、左右缠、上下缠、里外缠、大小缠、顺逆缠。而要莫非即引即缠，即进即缠；不能各是各着。若各是各着，非阴阳互为其根也。[①]

世人不知，皆目为软手，是一外面视之，皆迹象也。若以神韵论之，交手之际，刚柔并用，适得其中。非久于其道者，不能澈其底蕴。[②]

两肩弹下，两肘沉下，秀若处女见人，肆若猛虎下山。手即权衡，称物而知其轻重。[③]

打拳之道，吾心中自有权衡。因他之进退缓急，而以吾素练之精神临之，是无形之权衡也。[④] 以无形之权衡，权有形之迹象，宜轻宜重，而以两手斟酌，适得其当，斯为妙手。[⑤]

题解

这是针对陈氏太极拳缠丝法的一篇文章。缠丝法者，内气外形，顺逆相互为用。此文阐明了内气外形匹配如一，柔外刚中之德体，及内气外形的"阴中有阳，阳中有阴，阴阳迭神其用；驭静以动，动中亦静，动静互为其根"的练用基本法式；同时又说明自己无形的法身道体具备权衡称物的能力，能够"以无形之权衡，权有形之迹象，宜轻宜重，而以两手斟酌，适得其当，斯为妙手"。此结论，已经指出修炼太极拳术攻防之道的基本内容为何了。

注解

① 太极拳……非阴阳互为其根也

太极拳术攻防之道修炼的是缠丝法。何谓缠丝法？在古代，人们将三股线纰拧成的绳名之为绳，而将两股线纰拧成的绳名之为缠。根据此意推论，所谓的缠丝法，以自身说，就是内气外形匹配合一，阴阳顺从逆从、相互为用的法式。阴阳顺从逆从的顺逆缠丝法，为基本缠丝法。从形态看，缠丝有大小的分别。从方位看，缠丝又有进缠丝、退缠丝，左缠丝、右缠丝，上缠丝、下缠丝，里缠丝、外缠丝，四对八个方位的用法。太极拳比武较技中，双方运用的都是缠丝法，即双方是通过各自内劲外形刚柔变化的相互缠绕而完成比武较拔。缠丝法的要领是即引即缠、即进即缠，这可以让力头打力尾而避实击虚，呈现的是"刚中有柔攻不破，柔中有刚方为坚"的妙用。自身不能出现内气是内气、外形是外形的各是各招之现象。假若出现这种现象，就不是内气外形与阴阳刚柔相互为用、互为其根之攻防功夫了。只有运用缠丝法，才能真正具有内气外形相互为用的"阴中有阳，阳中有阴，阴阳迭神其用；驭静以动，动中亦静，动静互为其根"之攻防效果。

② 世人不知……不能澈其底蕴

世间修炼拳术攻防之道者，皆将太极拳看作软拳。这只是从表面迹象看之，如果从其本身性质全面观之则不同。从外面视其形态，太极拳确为柔软之拳势；但若从内里观之，其劲势乃是坚刚之势。交手较技的时候，柔外刚中，匹配如一，而又"内文明而外柔顺"，故而太极拳术是"刚柔并用，适得其中"的拳法也。非久于此道者、经历诸艺境者，不能彻底明白其底蕴之精髓矣！

③ 两肩軃下……称物而知其轻重

太极拳修炼和实战时，都要做到"尾闾中正神贯顶，满身轻利顶头悬"，两肩自然松沉坠下，两肘沉下；还要秀丽沉静，若处女见人，毫无张狂傲慢之气；动起来又如猛虎下山，锋芒锐利而不可阻挡。两肩軃下，两肘沉下，则手灵妙，自能权衡称物之轻沉，觉知拳势之快慢。

軃：音"朵"，垂、坠也。軃下：在这里是沉肩坠肘的意思。

④ 打拳之道……是无形之权衡也

打拳练艺，自己心中自有权衡诸物的能力。不管对方所用之拳势是进是退、是缓是急，我都能以平素所修炼的内劲功夫承接甚至化解，这就是无形的权衡能力也。正如《附：太极拳发蒙缠丝劲论》中所言："至于手中，其权衡皆本于心，物来顺应，自然合进退、缓急、轻重之宜。此太极之阴阳相停，无少偏倚，而为开阖之妙用也！其为道岂浅鲜哉！"而文中"皆本于心"之"心"字，乃指"以天心为主，以元神为用"所代表的体用一元精神之无形的法身道体。此法身道体的初期阶段名曰"内劲"。

素练之精神：平素所修炼的以内劲功夫为主的"听探之良知，顺化之良能"相互为用的攻防能力。

⑤ 以无形之权衡……斯为妙手

太极拳术攻防之道的技术核心，就是以无形法身道体之权衡能力，来权衡对手劲形之有形迹象，宜轻时则轻灵如羽，宜重时则沉重如山，而皆以两手斟酌，适得其当，无不逢其隙而中之，这就是妙手功夫。

太极拳发蒙缠丝劲论

太极拳，缠法也。缠法如螺丝形运于肌肤之上。平时运动，恒用此劲，故与人交手，自然此劲行乎肌肤之上而不自知。非久于其道，不能也。[①]

其法有进缠、退缠、左缠、右缠、上缠、下缠、里缠、外缠、顺缠、逆缠、大缠、小缠。而要莫非以中气行乎其间，即引即进，皆阴阳互为其根之理也！

或以为软手。手软何能接物应事？若但以迹象视之，似乎不失于硬，故以为软手。

其周身规矩：顶劲上领，裆劲下去要圆撑，要合住；两肩松下，两肘沉下；两手合住，胸向前合；目勿旁视，以手在前者为的；顶不可倒塌，胸中沉心静气；两膝合住劲，腰劲下去；两足常用钩劲，须前后合住劲。外面之形，秀若处女，不可带张狂气；一片幽闲之神，尽是大雅风规。[②]

至于手中，其权衡皆本于心，物来顺应，自然合进退、缓急、轻重之宜。此太极之阴阳相停，无少偏倚，而为开阖之妙用也！其为道岂浅鲜哉！

题解

这篇《太极拳发蒙缠丝劲论》较上一篇《太极拳缠丝精论》，文字通俗易懂一些，虽然内容繁简不同，但所论述的精神是一致的，可相互参读以便研究，故而一并收录。

注解

① 太极拳……不能也

太极拳术攻防之道修炼的是缠丝法。何谓缠丝法？缠法，就是内劲如绳花般以螺旋形式运行于肌肤上。平时运用此法修炼，待习惯养成后再与人交手较技，则自然以此劲势行乎肌肤之上而不自知。非长久习练者，不能领悟尔。

② 其周身规矩……尽是大雅风规

其周身的规矩如下。尾闾中正神贯顶，满身轻利顶头悬；腰劲松下，臀胯坐下而要圆裆，双膝稍微外向内扣、内向外撑而合住，后脚跟蹬劲，前脚掌踩劲，保证两脚的运动移位。推拉钩劲须前后劲势合住，一切劲势阴阳要均匀。两肩松沉，前把手要裹肘，后把手要掩肘，两肘坠沉，两手左右、前后、上下动变的劲势要相互呼应而合住。脊椎的劲势分左右两边，从皮里肉外向前胸腹合住。头端面正，双目始终注视攻击手的前方。静若处女，沉心静气，不可稍带张狂傲慢之气，一片幽闲自在之神态，尽显温柔儒雅之风范。正如古论："凡手战之道，内实精神，外示安仪；见之似好妇，夺之似惧虎。布形候气，与神俱往。"

揭手十六目

较接沾黏，因依连随。

引进落空，得打疾断。①

一、较：是较量高低。②

二、接：是两人以手相接也。③

三、沾：是手与手相沾，如"沾衣欲湿杏花雨"之"沾"。④

四、黏：如胶似漆之黏，是人既粘我手，不能离去。⑤

五、因：是因人之来。⑥

六、依：是我靠住人身。⑦

七、连：是手与手相接连。⑧

八、随：是随人之势以为进退。⑨

九、引：是诱之使来，牵引使近于我。⑩

十、进：是令人前进，不使逃去。⑪

十一、落：如落成之"落"，檐水下滴于地，又如叶落于地。⑫

十二、空：宜读去声。人来欲击我身，而落空虚之地。⑬

十三、得：是我得机、得势。⑭

十四、打：是机势可打，乘机打之。⑮

十五、疾：是速而又速。少涉迟延，即不能打。机贵神速。⑯

十六、断：是决断。一涉游疑，便失机会，过此不能打矣。⑰

171

题解

揭手，推手和比武较技时实施攻防招法之打手的别名。十六目，十六个字，每个字为一项修炼内容，共计十六项科目。推手或攻防较技，皆应遵循十六目的内容。这一标准的要求还是很高的，只有具备神化之功者，方能全部实施此十六目而无误。如有一二目不合，便非成手功夫也。

注解

① 较接沾黏……得打疾断

此歌诀是一首陈述攻防动手过程的四言绝句。双方由较技接手问招开始，经过"因依连随"问虚实，"引进落空"寻机势，到"得打疾断"疾速出招打完，一气呵成，诸法皆在其中体现无遗。这十六个字，分开来看又各有特定含义，都是攻防技术、方法、准则之精华。可见前贤对太极拳术攻防之道艺境的高妙认知，及驾驭文字的高超能力。

② 较：是较量高低

习拳练武者相互间实战较技，实际上是极为平常的事情，双方可以通过实战较量相互取长补短，达到知不足而后进的目的。这才是"较"字的本义。

③ 接：是两人以手相接也

既然是双方比武较技，就必须进行接触，一般而言是两人以手先相互接触。但是，运用什么样的方法接触是很有讲究的。

④ 沾……之"沾"

沾，是手与手相粘连也，就像春天的"沾衣欲湿杏花雨"之"沾"。取"不撄人之力"的法式，浅尝带试，听探对手虚实消息，此法式又具有"粘衣如号脉"，知彼拳势之动静、虚实、轻沉、疾缓、向背变化的作用，体现了自己功夫的柔顺轻灵。此正是"彼此呼吸成一体"的基本功夫之写照，是我不离对方而去，正好探听其虚实消息的良法。

⑤ 黏……不能离去

像胶和漆紧紧粘着一样，人既粘我手，即使之不能离去。实际上，这是运用内劲的刚健之势，紧跟对手拳势动向的方法。

粘黏两法的实施，就是一点子沾走相生、化打合一的柔化刚发之法式，充分体现了王宗岳《太极拳论》中所说的"人刚我柔谓之走，我顺人背谓之黏"之精髓；也充分体现了太极阴阳两仪图在太极拳术攻防技法中具体实施的可行性、科学性。

⑥ 因：是因人之来

对方放马过来，故我运用粘黏的方法与其周旋。此乃"先为不可胜，然后图谋之"的法式；是老子"清静无为"思想在太极拳攻防技法中的具体体现；也是对"法虽万殊，而理一贯"的最好注解。

⑦ 依：是我靠住人身

虽说是我靠住对方之身，但不是以对方为拐棍，而是运用自己柔外刚中、匹配如一的内气、外形，通过"内靠外吃，外靠内吃"的吞吐法势贴住对方，自己仍然是中正安舒的，内有八面玲珑之机势，外有顺随八面、动转变化之威风。因为沾走相生、化打合一之机势是由此中生化出的，故"浑身无处不太极，依着何处何处发"的攻防功夫艺境亦是由此法逐渐形成的。

⑧ 连：是手与手相接连

虽然手与手相连，但是运用"内靠外吃，外靠内吃"及"沾走相生"之方法，使自己与对手攻防动变之势成一体。此乃不主宰对手而对手无时无刻不被我主宰着之法。这才是手与手相连的具体方法和目的。

⑨随：是随人之势以为进退

"随"，体现了"连"的目的是随人之势以为进退。随人之势以为进退，具有"一羽不能加，蝇虫不能落"的不撄人之力和不受人之力的妙处，具有"人不知我，我独知人"的特点，同时，能够及时知道对手拳势的虚实所在，可用避实击虚、避向击背的法式击之。

⑩引……使近于我

既想诱敌深入，就必须给其一点甜头，就是用一下稍微抵其劲势的靠法，让彼感到有利可图，有隙可乘，自然大胆妄为无所顾忌而进之，此乃"诱之使来"的精义。我运用此法，是为使对方接近我，这才是"引"字诀的精髓所在。

⑪进……不使逃去

单纯的"引"（就是令人前进）尚不能两全其美，即不完全符合武学中"寄奇于偶内，备两而用一"的武备宗旨，故而，必有"进"与之相辅相成才为全矣！一是引之令其前进，不使彼逃去，近于我的势力范围内，便于乘机击之；二是引之近而我进，不使其逃去，将其纳入我的势力范围内，伺机击之，亦是我近敌以击之之法式。

⑫落……叶落于地

令对手前进攻击之势必须"落"到"空"而无用之处，我才能乘机攻击之，即让彼之劲势"落"到我舍去的那部分空间。故曰："如落成之'落'，檐水下滴于地，又如叶落于地。"此处的"落"是对方动态之去向，而后面的"空"，才是对方所落之"地"。正如拳诀所言："偏闪空废拔山力，乘虚而入好用机；让中不让乃为佳，开去翻来何地立。"攻防较技中，能如此施手用招、施招用手者，乃得"落"字真诀之精髓矣！

⑬空……空虚之地

空者，空档之谓也。人来攻击我身，我舍去部分空间，让彼之拳势落于我舍去的"空虚"之处，乃闪化避实之法。来力者，空之，就是泻力之法。所谓"补泻"二法，就是给对方"过上加过，不及加不及"的法式。正所谓：不是我能打人，而是人让我打，我如法打之，自然容易取胜。这就是"教会弟子打师父"之诀言的精髓所在，即一切听从对手的安排而施手用招，则只胜无败。太极拳术攻防之道确实妙不可言。

⑭得：是我得机、得势

闪化避实的战术成功之时，就是我闪开正中定横中、得机得势的时候。如果能沾走相生，则随时随处都是得机得势之时、之处，自然随时、随处都能化打合一。

⑮打……乘机打之

既然得机得势，则应即时乘机打之，不可殆误战机。诸打法，包括拿、打、踢、摔在内，可随机而用。

⑯疾……机贵神速

疾，机贵神速也，这就要求施招用手、施手用招速而又速，一旦迟慢延缓，错过机势，就不能再打了。能实施沾走相生、化打合一的法式，自然能"动急则急应，动缓则缓随"，不失去有效机会。

⑰断……不能打矣

之所以能够速而又速，是因为听探得清楚而又立心果断。如果稍有迟疑，便失去了战胜对手的机会，甚至导致自己失败，故曰："过此不能打矣！"

揭手三十六病

一、抽：是进不得势，知己将败，欲抽回身。①

二、拔：是拔去，拔回逃走。②

三、遮：是以手遮人。③

四、架：是以胳膊架起人之手。④

五、搕打：如以物搕物而打之。⑤

六、猛撞：突然撞去，贸然而来，恃勇力向前硬撞；不出于自然，而欲贸然取胜。⑥

七、躲闪：以身躲过人手，欲以闪赚跌人也。⑦

八、侵凌：欲入人之界里而凌压之也。⑧

九、斩：如以刀斫物。⑨

十、搂：以手搂人之身。⑩

十一、揖：将手揖下去。⑪

十二、搓：如两手相搓之搓，以手肘搓敌人也。⑫

十三、欺压：欺是哄人，压是以我手强压住人之手。⑬

十四、挂：是以手掌挂人，或以弯足挂人。⑭

十五、离：是去人之身，恐人击我。⑮

十六、闪赚：是诓愚人而打之。⑯

十七、拨：是以我手硬拨人。⑰

十八、推：是以手推过一旁。⑱

十九、艰涩：是手不成熟。⑲

二十、生硬：仗气打人，带生以求胜。⑳

二十一、排：是排过一边。㉑

二十二、挡：是不能引，以手硬挡。㉒

二十三、挺：硬也。㉓

二十四、霸：以力后霸也。如霸者以力服人。㉔

二十五、腾：如以右手接人，而复以左手架住人之手，腾开右手以击敌人。㉕

二十六、拿：如背人之节以拿之。㉖

二十七、直：是太直率，无缠绵曲折之意。㉗

二十八、实：是质朴，太老实，则被人欺。㉘

二十九、钩：是以脚钩取。㉙

三十、挑：从下往上挑之。㉚

三十一、掤：以硬气架起人之手，非以中气接人之手。㉛

三十二、抵：是硬以力气抵抗人。㉜

三十三、滚：恐己被伤，滚过一旁。又如圆物滚走。㉝

三十四、跟头棍子：是我捺小头，彼以大头打我。㉞

三十五、偷打：不明以打人，于人不防处偷打之。㉟

三十六、心摊：艺不能打人，心如贪物探取，打人必定失败。㊱

以上三十六病，或全犯之者，或有犯其四五，或有犯其一二者。有犯干处，皆非成手；手到成时，无论何病一切不犯。益以太和元气，本无乖戾故也。㊲

然则搕手将如之何？亦曰：人以手来，我以手引之使进，令其不得势击，是谓之"走"。走者"引"之别名。何以既名"引"，又名"走"？引者，诱之使进；走者，人来我去，不与顶势，是之谓"走"。然走之中，自带引进之劲，功纯者引之使进，不敢不进；进则我顺人背，而擒纵在我。此是拳中妙诀，非功久不能也！㊳

题解

太极拳术攻防之道中，"体非难以立其大本，用非难以彻其元功"。故而，以太极拳术攻防之道与人交手，上招式也即下招式的预备式，不再另起炉灶。本着"依着何处何处发"的法则，实施"逢强则柔，乘他力后，顺随以为进退，四两拨千斤，遇弱乃刚，发他力前的逆力，以为揭献之借力打人"，备两而用一的法式，即不存在三十六种病手现象。

三十六种病手拳法，在大成的神拳神明艺境中是不应该存在的，而在小成的形拳招熟攻防功夫阶段，若运用得恰机得当，就不算为病拳，而是形拳招熟的功夫手。只有将这一点认识清楚，才能正确地修炼。老子曰："圣人不病，以其病病；夫唯病病，是以不病。"习拳者亦要做到此点，及时取舍分明，逐渐去掉这三十六病，而至神拳神明艺境。

注解

① 抽……欲抽回身

太极拳术攻防之道施招用手、施手用招，讲究的是挨着何处则于何处或刚发、或柔化，即时给出应答来。这就要求上手势即是下手势的预备势，如此势势一气贯串而行之，不犯抽手回身之病。如果抽手回身，必有引狼入室之弊，故"抽手回身"是第一病。

② 拔……拔回逃走

身手被捆而处困窘状态时，用力拔回逃走，对方必定乘机而攻之。故而拔回逃走比抽手回身之病略为严重。

③ 遮：是以手遮人

抽手、拔身逃走的方法，不能解决攻防较技过程中避实击虚的转换问题，若改为用手遮挡之法式又如何呢？既然用手遮挡，就难免要用力，则对方可以接触点为轴心，不失支撑面地旋转，以横击直、以直击横，以下击上、以上击下，以左击右、以右击左等种种法式之攻击而使我落败。

④架：是以胳膊架起人之手

人之来攻，用手遮挡者非也。如果用胳膊硬架起人之手又如何呢？根据"仰之则弥高"的施招用手法则，当用胳膊架起人之手的同时，对方在接触点下一线的点位直击而发之，则我必定跌翻无疑。

⑤搕打：如以物搕物而打之

既然以胳膊架起人之手的方法不对，那用硬力实架的搕打方法破解对方的攻势又如何呢？对方伸手来攻，必定是粘衣发人的法式，如果运用硬力实架搕打的方法来破解，则对方以柔软法式顺势化解的同时，跟步进身，以手法、肘法、靠法中的任何一法攻我，皆能使我跌翻。故而，此法亦是病拳也。

⑥猛撞……而欲贸然取胜

既然以胳膊架起人之手的方法不对，那用猛烈撞击的方法，仗恃勇力贸然向其硬撞以求胜是否可以呢？如果对方不与我硬顶，将肱与身、步一顺身卸下，使步、手落我之旁面，让过我之锋头，则我锐气直往前冲，不顾左右，对方则从旁击我，以其顺力击我之横力，易乎不易？故曰：克刚易，克柔难！由此观之，"猛撞"的方法亦是病拳也！

⑦躲闪……欲以闪赚跌人也

既然猛撞的方法也不行，运用躲闪的方法又如何呢？躲闪法就是以身法躲过人之手的攻击，欲以闪赚法跌人。太极拳法讲究依沾连黏随的法式，即有问必有应答，躲闪过人之手的瞬间，就留有对方顺势跟进的机会，一旦对方顺势跟进，施手用招、施招用手，再想还击就来不及了，落败自成必然。《太极拳诀》云："闪展无全空，闪开正中定横中。"运用躲闪之法必须有双手、单手的防护而同时进身，见境生情，随机用势，才能战胜对方。

⑧侵凌：欲入人之界里而凌压之也

既然躲闪的方法也不行，那运用"侵凌"的方法又如何呢？侵凌，就是全仗力气勇猛，以不情不理的方法进入人之界内而凌压对手。若对手运用顺从以为进退的法式，就可以牵动四两之劲势破我千斤威势，故而我失败者多也。

⑨斩：如以刀斫物

斫，用刀斧砍物的意思。既然"侵凌"的方法也不行，那用手做似以刀砍物的斩法，又如何呢？太极拳术攻防之道的施手用招、施招用手，常以柔软接其坚刚，使其坚刚化为乌有，再顺势借力以击之，必然稳操胜券。现在一反手为天盘的常态，而坚硬如刀地斩人手臂，听探之良知泯灭，顺化之良能受愚，何况力气又用得硬猛，极容易让对手以柔势顺势化解而利用之，或顺随以为进退而四两拨千斤，或逆力以为揭献的借力打人。试想，手似刀以砍之，当对手实施招法时，又如何能左右上下地变化呢？故而，以刀砍物的方法，亦是病拳法式。

⑩搂：以手搂人之身

既然以刀砍物的斩法也不行，那用以手搂人身的方法又如何呢？拳谚载，"巧拿不如拙打"，当你快速去搂人之身时，对方双拳肯定要攻击你的要害部位，在你双手还没有搂住人身之时，将你打翻在地。此乃对手"不招不架，就打一下"的速战速决法式。

⑪揾：将手揾下去

既然以手搂人之身的方法也不行，那用手法将其手揾下去，即运用揖的方法，又如何呢？拳法中有"打人全凭盖势取"的说法，但这不是将人手揖下去，而是打人长身的盖法。这种将手揖下去的方法，乃是次手捶打捶的法式，属于怕挨打、怕输的打法。正是这种将人之手揖下去的方法，才引得对方实施"海底针"招式。靠法以跌人，是上乘艺境的乘人不备、出其不意、顺势借力之体现。

⑫ 搓……以手肘搓敌人也

既然运用揖的方法也不行，那用两手相搓之法，如以手肘搓敌人，又如何呢？以双手或肘搓对手，只是一种虚惊的法式，对付一般拳手可以奏效，如果用于懂劲者的身上，对手顺势借力，就可在化解中将你发出甚至跌翻。如以肘横扫搓打对手的下颌部位，对手顺势略施扇通背，或斜飞势，都可将你跌翻。

⑬ 欺压……压是以我手强压住人之手

既然两手相搓之法也不行，那运用"欺是哄人，压是以我手强压住人之手"的欺压方法，又如何呢？这种欺压法，就是仗力气强行管人之手的方法，力气呆滞，形态笨拙，对方略微顺势牵引，便可将你打翻在地。

⑭ 挂……或以弯足挂人

既然运用欺压法也不行，那运用"以手掌挂人，或以弯足挂人"的挂法，又如何呢？没有粘黏技法的挂法，本就挂得生硬，再强行使手掌挂人，或以弯足挂人，就会被对手利用而顺势进击。

⑮ 离……恐人击我

既然运用挂人之法也不行，那运用"是去人之身，恐人击我"的离法，又如何呢？恐人击我，本是惧怕的意思；又离人远去，是不接人拳势的手段。不具备攻防技法的人，如何能击人？

⑯ 闪赚：是诓愚人而打之

既然运用离法也不行，那运用"是诓愚人而打之"的闪赚法，又如何呢？太极拳术攻防之道的好手功夫，本就是眼灵明者，具备审视有先见之明、知其未发之招、悉其将发之意的功能。这种闪赚、诓骗愚笨之人的方法，如何能战胜得了他人呢？

⑰ 拨：是以我手硬拨人

既然诓人而打之的闪赚法也行不通，那运用"以我手硬拨人"的拨法，又如何呢？以手硬拨人，左拨则人右肘、肩靠，右拨则人左肘、肩靠，下拨则人扣肘、俯肩靠，上拨则人有扇通背，如此简单的顺势借力之招，皆可立破诸拨法。

⑱ 推：是以手推过一旁

既然运用以手硬拨人的拨法也行不通，那运用"以手推过一旁"的推法，又如何呢？推、拨之法，本没有多大的区别，破解的方法亦相似。

⑲ 艰涩：是手不成熟

既然以手推过一旁的推法也行不通，那运用"手不成熟"的艰涩手法，又如何呢？攻防手法精熟，达到自动化的不期然而然、莫之致而至的艺境，才能应物自然。不成熟的攻防手法，当然是病拳了。拳法贵在精熟。精者，内文明而外柔顺也。

⑳ 生硬……带生以求胜

既然运用手不成熟的艰涩手法也行不通，那运用"仗气打人，带生以求胜"之生硬方法，又如何呢？凭借年轻力气强盛，生打硬要以求胜，属心浮气躁无根底，乃拳家之大忌讳也！病拳之症状深且严重矣！

㉑ 排：是排过一边

既然仗气打人以求胜之生硬方法也行不通，那运用"排过一边"的排法，又如何呢？以硬手排开对方，劲势手法僵直，不得变化之妙趣，同时也埋伏下被对方利用而击败的隐患。

㉒挡……以手硬挡

既然用排过一边的排法也行不通，那运用"是不能引，以手硬挡"的挡法，又如何呢？太极拳攻防技法讲究的是引进落空、以静制动，如果连基本的"引"法都不会用，而以硬手封挡，则必败无疑。挡法与前面所论的遮、架法没有什么区别。在你挡时，如果对方采取以接触点为轴心，又不失支撑面的旋转的以横击直、以直击横，以下击上、以上击下，以左击右、以右击左等法式之攻击，则你必定落败。

㉓挺：硬也

既然用以手硬挡的方法也行不通，那运用"硬挺"之法，又如何呢？"硬挺"之势没有沾连黏随、外柔顺而内坚刚的拳势灵活，只要对手顺势借力一转，就会将你跌翻。

㉔霸……如霸者以力服人

既然用挺法也行不通，那运用先以柔顺之势，再"以力后霸也。如霸者以力服人"的方法，又如何呢？先是柔顺本无缺陷，若不知沾走相生、化打合一之技法，而强行以霸道的力量降服人，结果会被对方以顺势借力法跌翻，此乃取荣反辱之病也。

㉕腾……腾开右手以击敌人

既然用以力服人的方法也行不通，那运用"如以右手接人，而复以左手架住人之手，腾开右手以击敌人"的腾法，又如何呢？在太极拳术攻防之道的施招用手、施手用招中，左手管自身的左半边，右手管自身的右半边，左右交手打轮，则攻防技法已然在内，顺势用招就可以了，若腾开一手去打人，未免有些远了，偏离了"挨着何处何处发"的宗旨。

㉖ 拿：如背人之节以拿之

既然用腾开手击人的方法也行不通，那运用"如背人之节以拿之"的拿法，又如何呢？反关节的拿法，别名"小擒拿"，如小金丝缠腕、中金丝缠肘等。手法虽然巧妙，但只能用在不懂拳术攻防之道的人身上，而对略懂拳术攻防之道的人，再用此法就没有实际价值了。真正的拿法，乃是懂劲、神明的"以气击气，手方动而可畏；以神击神，身未动已得人"，是真攻防功夫也！

㉗ 直……无缠绵曲折之意

既然用"如背人之节以拿之"的方法也行不通，那运用"是太直率，无缠绵曲折之意"的方法，又如何呢？太极拳术攻防之道的基本法则是含形随应至变，皆从他力取法，用身心空灵而手灵妙的不撄人之力与人周旋，与人较技接手问招，沿路缠绵环绕，艺境无穷。如果攻防招法实施得太直率，则自己身内没有伏机待动的机势，也就没有外面拳势回旋的余地，必然是断而无续接，容易让对手利用而被击败。

㉘ 实……则被人欺

既然用太直率的方法也行不通，那运用"是质朴，太老实"的方法，又如何呢？拳者通兵，乃诡道也。"能而示之不能，用而示之不用，近而示之远，远而示之近。利而诱之，乱而取之，实而备之，强而避之，怒而挠之，卑而骄之，佚而劳之，亲而离之。攻其无备，出其不意。此兵家之胜，不可先传也"。如果施招用手、施手用招质朴而太老实，则易被人用欺骗、诓诈的招法胜之。

㉙ 钩：是以脚钩取

既然用太老实的方法也行不通，那运用"以脚钩取"的方法，又如何呢？太极拳法中，以脚钩人本无不对，然而，单纯以脚钩人之法就错了。此条是说成手的艺境，故将"以脚钩人而取胜"之法定为病拳。神拳神明的大成艺境，已经是"毛发松弹守三阳"，具备一触即发的"粘衣如号脉，黏衣十八跌"之境界，此时还用得着以脚法钩人吗？

㉚ 挑：从下往上挑之

既然用以脚钩人的方法也行不通，那运用"从下往上挑"的方法，又如何呢？尚硬力的腿法往上挑人手臂和腿，都存在半边空的问题，自会被高手顺势借力，自己却是一点回旋余地都没有。

㉛ 掤……非以中气接人之手

既然用从下往上挑的挑法也行不通，那运用"以硬气架起人之手，非以中气接人之手"的掤法，又如何呢？太极拳术攻防之道的接手问招，无非就是内靠外吃、外靠内吃两法，如此接手后，方可实施沾走相生、化打合一的法式以胜人。如果以硬气架起人之手臂，就会失去听探之良知的功能，属于盲目瞎打，被对手利用而胜之就很自然了。

㉜ 抵：是硬以力气抵抗人

既然用以硬气架人之手的掤法也行不通，那运用"硬以力气抵抗人"的抵法，又如何呢？习拳者都知道，太极拳是遵从"意气君来骨肉臣"宗旨的拳种，擅长沾、连、黏、随四法，避免的是顶、匾、丢、抗四病，以尚血气、用横力的抵抗法击人，自然会被对手顺势借力、轻易发放。

㉝ 滚……又如圆物滚走

既然用以硬力抵抗人的抵法也行不通，那运用"恐己被伤，滚过一旁"的滚法，又如何呢？太极拳术攻防招法是左右逢源，势如长河，滔滔不绝，如果因对方来手而害怕，滚过一旁，必定会遭到对手的重击。故知，此逃避之法仍是病拳也。

㉞跟头棍子……彼以大头打我

既然用"滚过一旁"的方法也行不通，那运用"是我捻小头，彼以大头打我"的方法，又如何呢？一九跟头棍，是纯刚无阴的严重病拳。此势的跟头棍，乃是说二人接手相交，自己所拿的力头小，对方以所持大力头打我，我能不败吗？遇此情况，应当圆曲引化而走，借机转换一下势头，以求再战。如果愣是对战，必遭重击而败。此乃分不清势头的不懂劲之人最容易犯的病拳。

㉟偷打……于人不防处偷打之

既然用纯刚无柔的跟头棍法也行不通，那运用"不明以打人，于人不防处偷打之"的方法，又如何呢？太极拳术修炼达到神拳神明艺境，则具备神化之功，已然是知人所不知，能人所不能，以此"不明以打人，于人不防处偷打之"，根本是不可能的事情。

㊱心摊……打人必定失败

既然用"于人不防处偷打之"的方法也行不通，那运用"艺不能打人，心如贪物探取"的方法，又如何呢？很显然，这种人往往心比天高，艺比地低，攻防技艺水平很低，可是心却贪婪而欲胜人，所以，一出手必定失败。可知，此法乃不可救药的病拳！

㊲以上三十六病……本无乖戾故也

以上三十六种病拳，或全犯者，或有犯其四五者，或有犯其一二者。凡有犯干处，皆非成手功夫；手成时，无论何病，一概不犯。因为，健顺和之至的太和真元之气，本至中、至正、至和，而无乖戾现象！

《搌手三十六病》一文中，有单字二十五目；双字十目；四字一目。为便于阅读，特依字数分列如下。

单字：抽、拔、遮、架、斩；搂、挡、搓、挂、离；拨、推、排、挡、挺；霸、腾、拿、直、实；钩、挑、掤、抵、滚。

双字：搕打、猛撞、躲闪、侵凌、欺压、闪赚、艰涩、生硬、偷打、心摊。

四字：跟头棍子。

如果一种病拳为一种阴邪，那上述三十六种病拳就是三十六种阴邪；如果不同的对手用此三十六种病拳手法，而你又不能及时破解，那就是你自身内尚存有与此相对应的阴邪。

如果手成时，无论何病一概而不犯，就是"三十六宫都是春"，说明你已是脱凡俗而入圣境的拳术通家了。

㊳然则撄手将如之何……非功久不能也

论述了这么多的病拳，到底太极拳比武较技的施手用招、施招用手该如何呢？无他，就是常说的人以手来，我以手引之使进，令其不得势击。此又谓之"走"。走者，"引"之别名。何以既名"引"又名"走"？引者，诱之使进；走者，人来我去，不与顶势。然走的过程中始终自带引进之劲（功夫纯净者引之使进，其不敢不进；进则我顺人背，而擒纵在我）。此就是太极拳术攻防之道施招用手、施手用招中的真传妙诀，然非内外功夫匹配合一、实证久练，不能做到也。功到自然成，这也是对拳诀"打人如走步"之精义的详细注解吧！

学拳须知

一、学太极拳，不可不敬。不敬则外慢师友，内慢身体。心不敛束，如何能学艺。①

二、学太极拳，不可狂，狂则生事。不但手不可狂，即言亦不可狂。外面形迹，必带儒雅风气，不然狂于外必失于中和。②

三、学太极拳，不可满，满则招损。俗语云："天外有天。"能谦则虚心受教，人谁不乐告知以善哉？积众善以为善，善斯大矣。③

四、学太极拳，着着当细心揣摩。一着不揣摩，则此势机制情理终于茫昧。即承上启下处，犹当留心，此处不留心，则来脉不真，转关亦不灵动。一着自为一着，不能自始至终一气贯通矣。不能一气贯通，则于太和元气终难问津。④

五、学太极拳，先学读书，书理明白，学拳自然容易。⑤

六、学太极拳，学阴阳开合而已。吾身中自有本然之阴阳开合，非教者所能增损也。复其本然，教者即止教者教以规矩，即大中至正之理。⑥

七、太极拳虽无大用处，然当今之世，列强争雄，若无武艺，何以保存！惟取是书演而习之，于陆军步伐止齐之法，不无小补。我国苟人人演习，或遇交手仗，敌虽强盛，其奈我何！是亦保存国体之一道也。有心者，勿以刍荛之言弃之。⑦

八、学太极拳，不可借以为盗窃抢夺之资，奸情采花之用。如借以抢夺采花，是天夺之魄，鬼神弗佑，而况人乎？天下孰能容之！⑧

九、学太极拳，不可凌厉欺压人。一凌厉欺压，即犯众怒，罪之魁也。⑨

题解

这篇《学拳须知》的九条内容高度概括了太极拳术攻防之道修炼的先后顺序，及所应抱有的良好心态和种种戒律，以及习拳练艺于国于民的好处，充分体现了学拳与学做人的价值。这是一篇劝人习拳练艺的好文章，习拳者都应当好好地读一读。精心领会其中的精旨妙谛，肯定会有裨益！

注解

① 学太极拳……如何能学艺

修炼太极拳术攻防之道，要从内心里敬重它。因为它是中华民族文化精神的体现，是武学中的国粹，是众前贤智慧的结晶，是一门精深的学问。如果不在内心敬重拳术，就会出现不敬重师父、拳友的现象，并慢待自己的身体而诸病百出。心不收敛、约束而谦虚，如何能学得太极拳术攻防之道，而达到健身、技击并行不悖的艺境呢？

② 学太极拳……不然狂于外必失于中和

修炼太极拳术攻防之道不可狂妄。因为狂妄之人容易惹事生非。不但出手用招不可张狂，与人谈拳论道亦不可目空一切，口吐妄言。修炼太极拳者，外面的仪表必然是温柔儒雅的，正所谓"和颜悦色真刚毅"。不然的话，张狂于外，于人于己必然失于中和之道矣！于人失于中和者，远离圣贤之交，难积众善以为善；于己失于中和者，必定猥知鲁莽，暴戾之气侵凌自身，而致百病缠身，陷于困苦之中而不能自拔矣。

③学太极拳……善斯大矣

修炼太极拳术攻防之道者须知艺无止境。俗话说："道大包天地，器小不可知。""天外有天，人外有人。""三人行，必有我师焉。""满招损，谦受益。"任何知识、技艺的学习都是无止境的。故而，修炼太极拳术者，应永葆谦虚受教的心态，如此则谁都乐意告知秘诀窍要。这样，集众人之长而不断完善自己，最终修得技艺精炼高深！此即"积众善以为善，善斯大矣"句之精义。

④学太极拳……则于太和元气终难问津

修炼太极拳术者，对攻防招法应着着精心，细心揣摩。否则，就会对攻防招式的具体运使茫然莫知，昧而不明。对套路中的每招每式、承上启下之处，尤当留心，体认来脉之真否，揣摩转关灵动否，来脉转关衔接连贯否。如果在此处不留心，则来脉不真，转关不灵，一招自为一招，不能由始至终一气贯通，则有断而不连的现象产生。如果一套拳势不能一气贯通，则虚实相须、内外一而贯之太和元气的一气流行之法式最终很难习得清楚、体认得明白，结果也只能修成有形的拳术功夫，难与无形的太和元气拳道功夫结缘。

⑤学太极拳……学拳自然容易

修炼太极拳术攻防之道，应当先学经谱书理，经典书理明白了，再学拳自然就容易得多。正如老子所言："为学日益，为道日损。"

⑥学太极拳……教者即止

修炼太极拳术攻防之道，简单地说，学的是内气、外形及阴阳开合的体用功夫而已。我们身中自有与生俱来的听探之良知，顺化之良能和阴阳开合相互为用的功能，这种功能非教拳者所能增加或减损也！所谓修炼，乃是恢复听探之良知，顺化之良能，及阴阳开合相互为用的本来之功能。教拳者，是本着恢复这一功能的宗旨，教以规矩，教以如何修炼自己的法身道体，体现大中至正的天道至理而已。

⑦ 太极拳虽无大用处……勿以刍荛之言弃之

太极拳术攻防之道，本没有大的用处，然当今之世，列强争雄，假若没有武艺，何以保全性命？何以保存生计？惟取拳谱演练而时习之，于陆军步调一致的止齐之法式，不能说没有小的裨益吧！我国民如果人人从童年开始修炼，到成年从戎后或遇交手仗时，纵使敌人强大，又能奈我何？这一观点，在卢沟桥事变中已经得到了证实。所以说，习拳练武，是保存国体之一道也！有济世之心的人，不要以为这是刈草采柴之人所说的话就将之轻易地抛弃了。

刍荛，刈草采柴之人。《诗经》有"询于刍荛"句。后人多谦称自己的议论为"刍荛之言"，以表示自谦！

⑧ 学太极拳……天下孰能容之

修炼太极拳功夫，千万不可作盗窃抢夺之用。如果借此功夫，行以盗窃抢夺之事，是伤天害理，必遭天谴。亏心者自己会忧心忡忡，起居不安，这是天夺其魂魄也，鬼神都不会保佑他，而况人之功力？天下谁能容他？正所谓"天作孽犹可活，自作孽不可活"也。

⑨ 学太极拳……罪之魁也

修炼太极拳，不管是比武较技，还是处世为人，都不可以凌厉的气势欺负、压迫他人，否则会冒犯众怒，成为修炼功夫技艺的罪恶之魁。